Vamos Ler ao Piano
PRÁTICAS DE PRÉ-LEITURA NA INICIAÇÃO PIANÍSTICA

VOLUME 2

Editora Appris Ltda.
1.ª Edição - Copyright© 2024 dos autores
Direitos de Edição Reservados à Editora Appris Ltda.

Nenhuma parte desta obra poderá ser utilizada indevidamente, sem estar de acordo com a Lei nº 9.610/98. Se incorreções forem encontradas, serão de exclusiva responsabilidade de seus organizadores. Foi realizado o Depósito Legal na Fundação Biblioteca Nacional, de acordo com as Leis nºs 10.994, de 14/12/2004, e 12.192, de 14/01/2010.

Catalogação na Fonte
Elaborado por: Josefina A. S. Guedes
Bibliotecária CRB 9/870

S235v
2024
	Santiago, Patrícia Furst
	    Vamos ler ao piano : volume 2 : práticas de pré-leitura na iniciação pianística / Patrícia Furst Santiago, Marcelo Almeida Sampaio. – 1. ed. – Curitiba : Appris, 2024.
	    204 p. ; 21 cm.
	
	    ISBN 978-65-250-4896-3
	
	    1. Piano – Instrução e estudo. 2. Partituras – Leitura. I. Sampaio, Marcelo Almeida. II. Título.
	
	    CDD – 786.2

Editora e Livraria Appris Ltda.
Av. Manoel Ribas, 2265 – Mercês
Curitiba/PR – CEP: 80810-002
Tel. (41) 3156 - 4731
www.editoraappris.com.br

Printed in Brazil
Impresso no Brasil

FICHA TÉCNICA

EDITORIAL	Augusto V. de A. Coelho
	Sara C. de Andrade Coelho
COMITÊ EDITORIAL	Marli Caetano
	Andréa Barbosa Gouveia - UFPR
	Edmeire C. Pereira - UFPR
	Iraneide da Silva - UFC
	Jacques de Lima Ferreira - UP
SUPERVISOR DA PRODUÇÃO	Renata Cristina Lopes Miccelli
ASSESSORIA EDITORIAL	Nicolas da Silva Alves
REVISÃO	Katine Walmrath
PRODUÇÃO EDITORIAL	Sabrina Costa da Silva
DIAGRAMAÇÃO	Bruno Ferreira Nascimento
CAPA	Eneo Lage
ILUSTRAÇÕES	Patrícia Furst Santiago
	Alice Freitas de Morais
CANÇÕES E ARRANJOS	Patrícia Furst Santiago
PRODUÇÃO DE PARTITURAS	Daniel Augusto Oliveira Machado
PROCESSO DE PESQUISA E AVALIAÇÃO	Marcelo Almeida Sampaio
	Izabela da Cunha Pavan Alvim

Patrícia Furst Santiago
Marcelo Almeida Sampaio

Vamos Ler ao Piano
PRÁTICAS DE PRÉ-LEITURA NA INICIAÇÃO PIANÍSTICA

VOLUME 2

artêra
editorial

Apresentação

PROFESSORES

Este é um livro de pré-leitura no piano que dá sequência e complementa o livro *Vamos Ler ao Piano: práticas de pré-leitura na iniciação pianística – Volume 1*. O livro inclui dois tipos de leitura-escrita sonora apresentados em dois capítulos: (1) "Leitura Rítmica"; (2) "Leitura Musical por Relatividade". O material apresentado no livro foi avaliado em pesquisa realizada por Marcelo Almeida Sampaio em pós-doutorado no Programa de Pós-Graduação em Música da Universidade Federal de Minas Gerais, sob orientação de Betânia Parizzi. A pesquisa contou com a participação de Izabela da Cunha Pavan Alvim[1], de alunos de piano do Centro de Musicalização Integrado da UFMG e da Musicalização Infantil da Universidade do Estado de Minas Gerais.

O livro é indicado para crianças entre 6 e 10 anos de idade, contemplando práticas de leitura que atendem à faixa etária correspondente a essas fases de desenvolvimento cognitivo. Os dois capítulos do livro apresentam uma série de práticas de leitura e de escrita musical visando desenvolver nos alunos a conexão entre o som e sua representação gráfica. Os conteúdos musicais são independentes, progressivos e complementares, cabendo aos professores determinar, selecionar e reordenar as atividades de acordo com o conhecimento musical, o desenvolvimento motor e a motivação de cada aluno. A forma lúdica, adotada ao longo do livro, procura motivar os alunos a se interessarem pela leitura musical e a se conectarem prazerosamente com ela.

A leitura no instrumento musical depende do desenvolvimento motor dos alunos, não podendo, portanto, prescindir de habilidades motoras previamente estabelecidas. Por isso, a progressividade das práticas de leitura baseia-se, principalmente, no desenvolvimento motor, partindo de gestos e ações físicas rudimentares em direção ao refinamento motor e ao uso individual dos dedos.[2]

As práticas de leitura são inseridas em séries distintas que incluem as seguintes atividades:

1. *Preparações ou explicações para atividades de leitura-escrita musical*: Capítulos 1 e 2 – "Leitura Rítmica" e "Leitura Musical por Relatividade". Orientações sobre o conteúdo musical a ser desenvolvido em determinada série, surgindo quando necessárias para garantir aos alunos a realização das práticas posteriores.

---

[1] Professora da Escola de Música da Universidade do Estado de Minas Gerais.

[2] Detalhes sobre processos motores básicos podem ser encontrados em: SANTIAGO, Patrícia Furst. **Formação do Professor de Piano**: ensino de piano para iniciantes. Curitiba: Appris, 2021. Veja também vídeos no canal youtube.com/pianofortebh.

Estratégias didáticas:

- Ler atentamente as instruções de cada atividade.
- Trabalhar a abordagem motora requisitada em cada atividade.
- Vocalizar e gestualizar[3] os ritmos, movimentos sonoros e intervalos apresentados em cada atividade.

2. *Canções*: Capítulos 1 e 2 – "Leitura Rítmica" e "Leitura Musical por Relatividade". Aprendizagem e memorização das canções por imitação, com acompanhamento dos professores, preparando os alunos para as leituras posteriores.

Estratégias didáticas:

- Cantar as canções com as letras para memorização.
- Gestualizar os ritmos, movimentos sonoros, intervalos e dedilhados das canções.
- Tocar as canções de acordo com as instruções de cada atividade.
- Tocar as canções com o acompanhamento do professor.

3. *Leitura à primeira vista*: Capítulos 1 e 2 – "Leitura Rítmica" e "Leitura Musical por Relatividade". Práticas gestálticas de leitura, realizadas por blocos de ocorrências rítmico-sonoras, evitando a leitura nota a nota.

Princípios de prática:

- Não olhar para as mãos. Manter os olhos na partitura.
- Não fixar os olhos no ponto da partitura que está lendo. Olhar adiante, procurando antever o que virá.
- Evitar paradas, mesmo que haja erros.
- Ouvir o que se está lendo.

Estratégias didáticas:

- Escolher e identificar registros, posições das mãos, dedilhados, âmbitos intervalares e notas a serem tocadas.

---

[3] O termo gestualizar refere-se ao uso de todo o corpo ou partes dele, para a realização dos movimentos sonoros e rítmicos.

- Antes de iniciar a leitura, organizar as mãos no âmbito em que irá tocar.
- Observar bem os dedilhados indicados na partitura.
- Praticar o reconhecimento das posições das mãos nas notas: fechando os olhos, o aluno toca os dedos requisitados pelo professor; o aluno fala o número do dedo que vai tocar; o aluno fala o número do dedo que tocou.
- Praticar os movimentos sonoros a serem tocados: o aluno toca os movimentos sonoros requisitados pelo professor; o aluno fala qual foi o movimento sonoro que tocou; o aluno fala o movimento sonoro que vai tocar.
- Praticar os intervalos a serem tocados: o aluno toca os intervalos requisitados pelo professor; o aluno toca o intervalo e fala qual tocou; o aluno fala o intervalo que vai tocar.
- Praticar os nomes das notas a serem tocadas: o aluno toca as notas requisitadas pelo professor; o aluno fala os nomes das notas que tocou; o aluno fala os nomes das notas que vai tocar.
- A partir de um dedo que tocou (por exemplo, o dedo 1 na nota Ré), o professor fala o dedo que deve ser tocado a seguir; a partir de um som que tocou (por exemplo, o dedo 1 na nota Fá), o professor canta o som que deve ser tocado a seguir.
- Ler uma primeira vez em um andamento confortável. Ler outras vezes em andamentos mais rápidos.
- Ler falando o número do dedo que vai tocar (1, 2, 3, 4 ou 5).
- Ler falando o tipo de movimento sonoro que vai tocar (ascendente, descendente ou repetição de notas).
- Ler falando o intervalo que vai tocar (segunda, terça, quarta, quinta).
- Ler falando os nomes das notas.
- Ler cantando os nomes das notas.

4. *Escrita musical*: Capítulos 1 e 2 – "Leitura Rítmica" e "Leitura Musical por Relatividade". Escrita musical de signos sonoros, surgindo quando necessária para garantir aos alunos a realização das práticas posteriores.

5. *Dinâmicas e pedal de sustentação*: Capítulo 2 – "Leitura Musical por Relatividade". Realização de dinâmicas e uso do pedal de sustentação. Caso a sua realização seja difícil para os alunos, os professores poderão simplificá-los ou excluí-los, especialmente nas práticas de leitura à primeira vista. Os professores poderão determinar o uso de dinâmicas e pedal de sustentação em atividades do Capítulo 1 – "Leitura Rítmica".

6. *Parabéns*: Capítulos 1 e 2 – "Leitura Rítmica" e "Leitura Musical por Relatividade". Autoavaliação dos alunos, dando a eles a oportunidade de refletirem sobre o seu aprendizado.

Capítulo 1 – Leitura Rítmica

Definição: leitura-escrita musical que apresenta, inicialmente, a leitura por traços como pré-requisito, passando aos signos rítmicos convencionais correspondentes à unidade, dobro, triplo, quádruplo e seus silêncios.

Objetivos: (1) criar uma transição entre leitura por traços e leitura rítmica convencional; (2) treinar a pulsação; (3) introduzir a leitura das figuras rítmicas: semínima, mínima, mínima pontuada, semibreve e suas pausas; (4) praticar a leitura rítmica em estruturas gestálticas que exploram combinações dessas durações; (5) introduzir a leitura rítmica em trigramas (três linhas).

Processos motores: (1) coordenação motora com o reconhecimento da lateralidade das mãos; (2) ataques indiretos ou diretos ("dedos como pontas") na produção de sons curtos e longos. *Observação*: é recomendável a manutenção do estado funcional das mãos em posições fechadas ou abertas e em ataques de "dedos como pontas".

Pré-requisitos: (1) conhecimento da leitura musical por traços.

Conteúdos musicais: (1) figuras rítmicas: semínima, mínima, mínima pontuada, semibreve e suas pausas; (2) ritmos escritos em trigramas.

Capítulo 2 – Leitura Musical por Relatividade

Definição: leitura-escrita musical que apresenta alturas relativas em pentagramas sem o uso de claves.

Objetivos: (1) introduzir a leitura à primeira vista em pentagramas; (2) vivenciar os parâmetros do som; (3) realizar movimentos sonoros ascendentes, descendentes e repetições de notas; (4) reconhecer e executar os intervalos no âmbito de quinta; (5) praticar a ordenação de sons e dos nomes das notas; (6) realizar leituras de unidade, dobro, triplo e quádruplo; (7) desenvolver a coordenação motora (lateralidade, mãos separadas, alternadas e simultâneas); (8) realizar leituras, usando todos os dedos das mãos em abordagem motora "tecla para baixo" (ataques diretos dos dedos no teclado).

Pré-requisitos motores: (1) coordenação motora com o reconhecimento da lateralidade das mãos; (2) uso das mãos em estado funcional no piano; (3) ataques diretos de dedos ("tecla para baixo"); (4) reconhecimento dos números dos dedos.

Pré-requisitos musicais: (1) conhecimento da geografia e dos registros do piano; (2) vivência dos parâmetros do som; (3) conhecimento dos movimentos sonoros ascendentes, descendentes e repetições de notas.

Conteúdos musicais: (1) registros do teclado; (2) geografia do teclado; (3) parâmetros do som (alturas, durações, intensidades, timbre pelo uso do pedal de sustentação); (4) escrita rítmica convencional (unidade, dobro, triplo, quádruplo e seus silêncios); (5) pentagrama; (6) fermata; (7) pulsação; (8) ordenação dos nomes das notas no âmbito de intervalo de quinta; (9) movimentos sonoros ascendentes, descendentes e repetições de notas; (10) intervalos no âmbito de quinta.

Sumário

Leitura rítmica

Queridos alunos 19

Série 1 – Leitura–escrita rítmica por traços 21

1.1 Unidade e sua pausa 22

1.2 Dobro e sua pausa 23

1.3 Triplo e sua pausa 24

1.4 Quádruplo e sua pausa 25

Série 2 – Semínima e sua pausa 27

2.1 Conhecendo a semínima e sua pausa 28

2.2 Sequências rítmicas com semínimas e suas pausas 29

2.3 Parlendas com semínimas e suas pausas 30

    BISCOITINHO 30

    SALADA DE FRUTAS 30

2.4 Leitura–escrita de semínimas e suas pausas 31

2.5 Leituras rítmicas com semínimas e suas pausas 33

Série 3 – Trigrama, semínima e sua pausa 37

3.1 Notas musicais escritas no trigrama 38

3.2 Escrevendo semínimas e suas pausas no trigrama 39

3.3 Movimentos sonoros ascendentes e descendentes 41

3.4 Leituras no trigrama com semínimas e suas pausas 43

3.5 Leituras no trigrama com todos os dedos: mão direita 44

3.6 Leituras no trigrama com todos os dedos: mão esquerda 45

Série 4 – Mínima e sua pausa 47

4.1 Conhecendo a mínima e sua pausa 48

4.2 Sequências rítmicas com semínimas, mínimas e suas pausas 49

4.3 Parlendas com semínimas, mínimas e suas pausas 50

    CHOCOLATE QUENTE 50

    PICOLÉ 50

4.4 Leitura–escrita de semínimas, mínimas e suas pausas 51

4.5 Leituras rítmicas com semínimas, mínimas e suas pausas 53

4.6 Leituras no trigrama com semínimas, mínimas e suas pausas 57

4.7 Leituras no trigrama com todos os dedos: mão direita 58

4.8 Leituras no trigrama com todos os dedos: mão esquerda 59

Série 5 – Mínima pontuada e sua pausa 61

5.1 Conhecendo a mínima pontuada e sua pausa 62

5.2 Sequências rítmicas com semínimas, mínimas pontuadas e suas pausas 63

5.3 Parlendas com semínimas, mínimas pontuadas e suas pausas 64

    BOLO DE CORAÇÃO 64

    MACARRÃO COM LIMÃO 64

5.4 Leitura–escrita de semínimas, mínimas pontuadas e suas pausas 65

5.5 Leituras rítmicas com semínimas, mínimas pontuadas e suas pausas 67

5.6 Leituras no trigrama com semínimas, mínimas pontuadas e suas pausas 69

5.7 Leituras no trigrama com todos os dedos: mão direita 70

5.8 Leituras no trigrama com todos os dedos: mão esquerda 71

Série 6 – Semibreve e sua pausa 73

6.1 Conhecendo a semibreve e sua pausa 74

6.2 Sequências rítmicas com semínimas, semibreves e suas pausas 75

6.3 Parlendas com semínimas, semibreves e suas pausas 76

PÃO COM REQUEIJÃO 76

HORA DO JANTAR 76

6.4 Leitura–escrita de semínimas, semibreves e suas pausas 77

6.5 Leituras rítmicas com semínimas, semibreves e suas pausas 79

6.6 Leituras no trigrama com semínimas, semibreves e suas pausas 81

6.7 Leituras no trigrama com todos os dedos: mão direita 82

6.8 Leituras no trigrama com todos os dedos: mão esquerda 83

Série 7 – Todas as figuras rítmicas juntas e misturadas 85

7.1 Relembrando as figuras rítmicas 86

7.2 Leitura–escrita das figuras rítmicas juntas e misturadas 87

7.3 Mais leituras com todas as figuras rítmicas juntas e misturadas 89

7.4 Leituras no trigrama com todas as figuras rítmicas juntas e misturadas 90

7.5 Leituras no trigrama com todos os dedos: mão direita 91

7.6 Leituras no trigrama com todos os dedos: mão esquerda 92

7.7 Leituras rítmicas para se divertir 93

Leitura musical por relatividade

Queridos alunos 101

Série 1 – Escrita de notas musicais no pentagrama 103

1.1 O pentagrama 104

1.2 Barras no pentagrama 107

1.3 Comparando a escrita musical no trigrama e no pentagrama 108

Série 2 – Posições das mãos no teclado e nomes das notas 111

2.1 Posições das mãos no teclado e nomes das notas em teclas brancas 112

2.2 Posições das mãos no teclado e nomes das notas em teclas brancas e pretas 114

Série 3 – Leituras no pentagrama com intervalos de segundas 117

3.1 Escrita das segundas no pentagrama 118

3.2 Canções com intervalos de segundas: mão direita. 120

BORBOLETA. 120

PROVA DE AMOR 121

3.3 Leituras com intervalos de segundas: mão direita. 122

3.4 Uma melodia em várias posições: mão direita. 124

3.5 Canções com intervalos de segundas: mão esquerda 125

BALÃO. 125

BARQUINHO 126

3.6 Leituras com intervalos de segundas: mão esquerda 127

3.7 Uma melodia em várias posições: mão esquerda 129

Série 4 – Leituras no pentagrama com intervalos de terças 131

4.1 Escrita das terças no pentagrama. 132

4.2 Canções com intervalos de segundas e terças: mão direita. 134

O MANJAR DA DONA SINHÁ 134

BEIJA–FLOR 135

4.3 Leituras com intervalos de segundas e terças: mão direita 136

4.4 Uma melodia em várias posições: mão direita. 138

4.5 Canções com intervalos de segundas e terças: mão esquerda 139

LEÃO GRANDÃO 139

ZEZÃO BRIGÃO 140

4.6 Leituras com intervalos de segundas e terças: mão esquerda 141

4.7 Uma melodia em várias posições: mão esquerda 143

Série 5 – Leituras no pentagrama com intervalos de quartas 145

5.1 Escrita das quartas no pentagrama 146

5.2 Canções com intervalos de segundas e quartas: mão direita 148

    O PALHAÇO 148

    PASSARINHO 149

5.3 Leituras com intervalos de segundas e quartas: mão direita 150

5.4 Uma melodia em várias posições: mão direita 152

5.5 Canções com intervalos de segundas e quartas: mão esquerda 153

    BRILHA, BRILHA, SOL 153

    VAMOS BRINCAR NO MAR 154

5.6 Leituras com intervalos de segundas e quartas: mão esquerda 155

5.7 Uma melodia em várias posições: mão esquerda 157

Série 6 – Leituras no pentagrama com intervalos de quintas 159

6.1 Escrita das quintas no pentagrama 160

6.2 Canções com intervalos de segundas e quintas: mão direita 162

    BARQUINHO BRANCO 162

    LINDO LUAR 163

6.3 Leituras com intervalos de segundas e quintas: mão direita 164

6.4 Uma melodia em várias posições: mão direita 166

6.5 Canções com intervalos de segundas e quintas: mão esquerda 167

    TRISTE CANÇÃO 167

    SACI–PERERÊ 168

6.6 Leituras com intervalos de segundas e quintas: mão esquerda 169

6.7 Uma melodia em várias posições: mão esquerda 171

Série 7 - Leituras no pentagrama com todos os intervalos juntos e misturados 173

7.1 Canções com todos os intervalos juntos e misturados: mão direita 174

CASINHA DE SAPÉ 174

OS INTERVALOS 175

7.2 Leituras com todos os intervalos juntos e misturados: mão direita 176

7.3 Uma melodia em várias posições: mão direita 178

7.4 Canções com todos os intervalos juntos e misturados: mão esquerda 179

O SININHO 179

JOSIMAR FOI PESCAR 180

7.5 Leituras com todos os intervalos juntos e misturados: mão esquerda 182

7.6 Uma melodia em várias posições: mão esquerda 184

Série 8 - Leitura relativa em pauta dupla com mãos alternadas 185

8.1 A pauta dupla 186

Série 9 - Leitura relativa com mãos simultâneas 193

9.1 Movimento sonoro contrário 194

9.2 Leitura em movimento sonoro contrário 196

9.3 Movimento sonoro oblíquo 197

9.4 Leitura em movimento sonoro oblíquo 199

9.5 Movimento sonoro paralelo 200

9.6 Leitura em movimento sonoro paralelo 202

Queridos alunos

1. Antes de tocar, observem bem as estruturas rítmicas de cada página.

2. Cantem e realizem as parlendas no piano.

3. Realizem as leituras rítmicas no piano assim: leiam uma primeira vez em andamento confortável; leiam outras vezes em andamentos mais rápidos.

4. Não olhem para as mãos. Não fixem os olhos no ponto em que estão lendo, olhem adiante. Evitem paradas, mesmo que haja erros.

5. Ouçam o que estão tocando.

Divirtam-se!

Série 1 – Leitura-escrita rítmica por traços

1.1 Unidade e sua pausa

No quadro a seguir, o traço preto representa uma UNIDADE: um som que dura uma pulsação. E o traço pontilhado representa o silêncio correspondente.

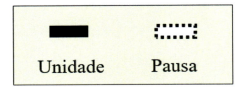

Agora, vamos ler e tocar no piano as sequências rítmicas a seguir, com essas durações. Com o dedo indicador da mão direita (traços pretos) e o indicador da esquerda (traços vermelhos), toque no piano cada uma das sequências sem olhar para as mãos.

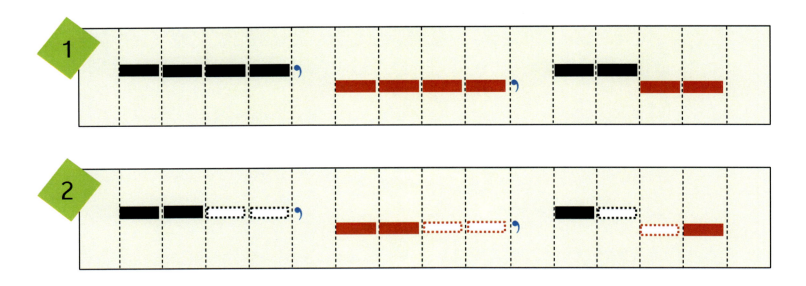

1.2 Dobro e sua pausa

No quadro a seguir, o traço preto representa o DOBRO da unidade: um som que dura duas pulsações. E o traço pontilhado representa o silêncio correspondente.

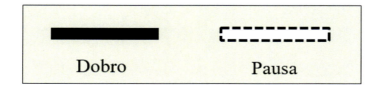

Agora, vamos ler e tocar no piano as sequências rítmicas a seguir, com essas durações. Com o dedo indicador da mão direita (traços pretos) e o indicador da esquerda (traços vermelhos), toque no piano cada uma das sequências sem olhar para as mãos.

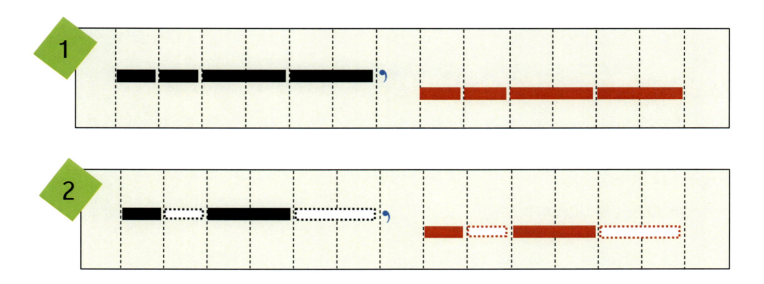

1.3 Triplo e sua pausa

No quadro a seguir, o traço preto representa o TRIPLO da unidade: um som que dura três pulsações. E o traço pontilhado representa o silêncio correspondente.

Agora, vamos ler e tocar no piano as sequências rítmicas a seguir, com essas durações. Com o dedo indicador da mão direita (traços pretos) e o indicador da esquerda (traços vermelhos), toque no piano cada uma das sequências sem olhar para as mãos.

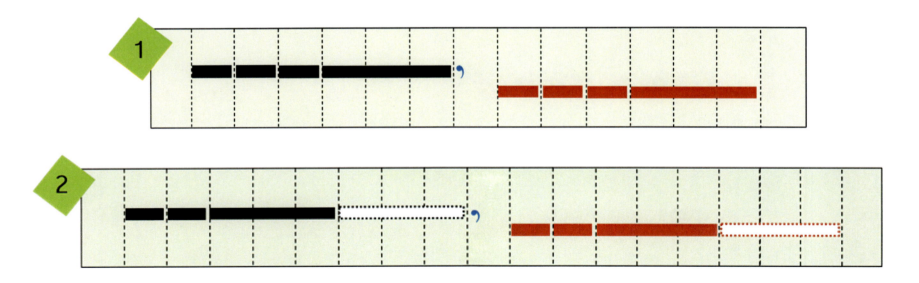

1.4 Quádruplo e sua pausa

No quadro a seguir, o traço preto representa o QUÁDRUPLO da unidade: um som que dura quatro pulsações. E o traço pontilhado representa o silêncio correspondente.

Agora, vamos ler e tocar no piano as sequências rítmicas a seguir, com essas durações. Com o dedo indicador da mão direita (traços pretos) e o indicador da esquerda (traços vermelhos), toque no piano cada uma das sequências sem olhar para as mãos.

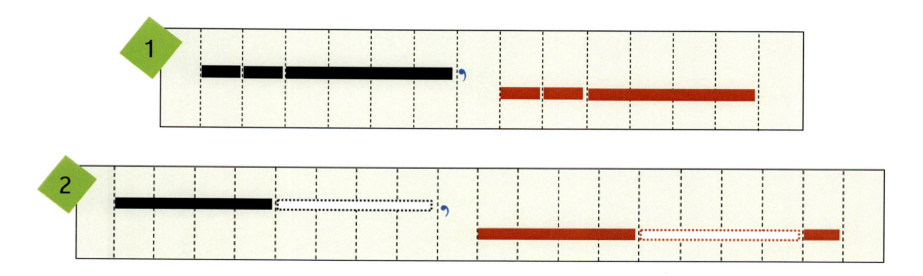

Série 2 – Semínima e sua pausa

2.1 Conhecendo a semínima e sua pausa

Vamos treinar a leitura-escrita da semínima e sua pausa. Veja nos quadros a seguir como elas são escritas e sua correspondência com a leitura-escrita por traços. Lembre-se que a semínima e sua pausa têm a duração de uma pulsação.

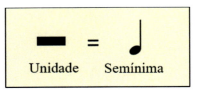
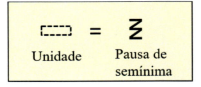

Acima dos traços, escreva as semínimas e suas pausas correspondentes.

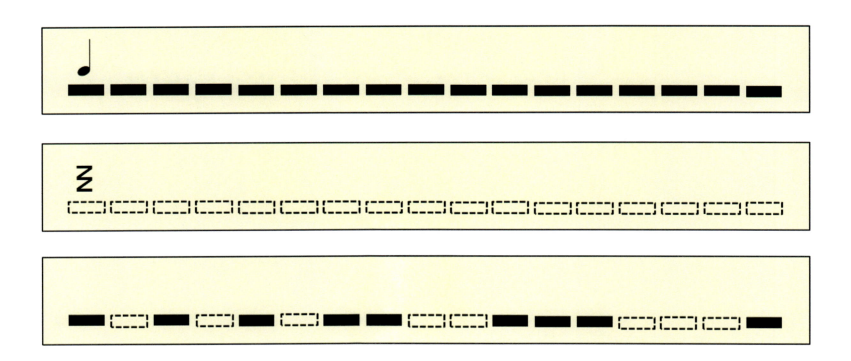

2.2 Sequências rítmicas com semínimas e suas pausas

Bata palmas e vocalize várias vezes cada uma das sequências rítmicas em 4 pulsações, apresentadas nos quadros a seguir, até que você as memorize bem. Faça leituras de duas sequências seguidas (por exemplo, 1 e 3; 4 e 6 etc.). Escolha uma nota no piano e toque as sequências usando os dedos indicadores das mãos direita e esquerda, alternada e simultaneamente.

2.3 Parlendas com semínimas e suas pausas

PARLENDAS são combinações de palavras em versinhos rítmicos, muitas vezes bem-humorados, que servem para divertir e ensinar as crianças. Vamos realizar as parlendas a seguir, falando a letra e batendo palmas nos locais indicados.

BISCOITINHO

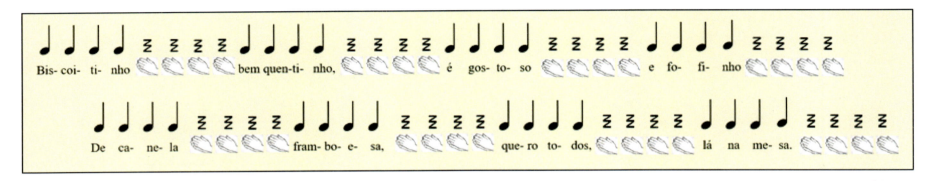

SALADA DE FRUTAS

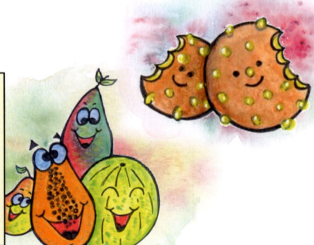

2.4 Leitura-escrita de semínimas e suas pausas

Nos quadros a seguir, estão escritas as sequências rítmicas com semínimas e suas pausas em 4 pulsações. Dentro das setinhas, numere os quadros como quiser. Depois, leia consecutivamente as sequências na ordem numerada. Escolha uma nota no piano e toque as sequências usando os dedos indicadores das mãos direita e esquerda, alternada e simultaneamente.

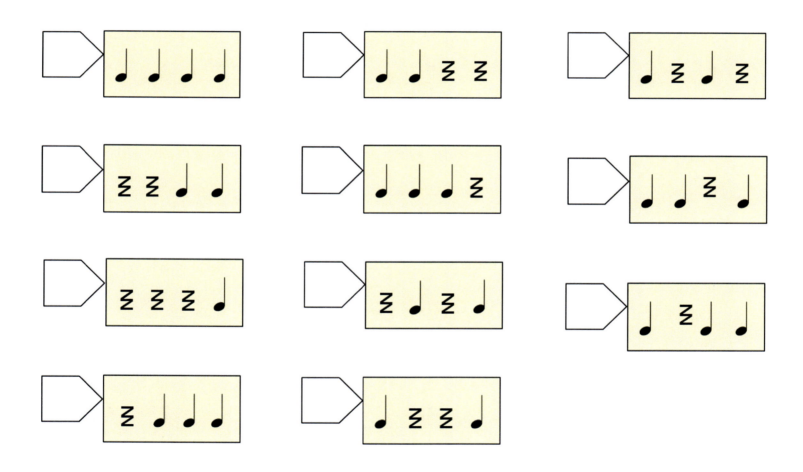

Nos quadros a seguir, as sequências rítmicas estão incompletas. Você pode completá-las usando semínimas e suas pausas em 4 pulsações. Dentro das setinhas, numere os quadros como quiser. Depois, leia consecutivamente as sequências na ordem numerada. Escolha uma nota no piano e toque as sequências usando os dedos indicadores das mãos direita e esquerda, alternada e simultaneamente.

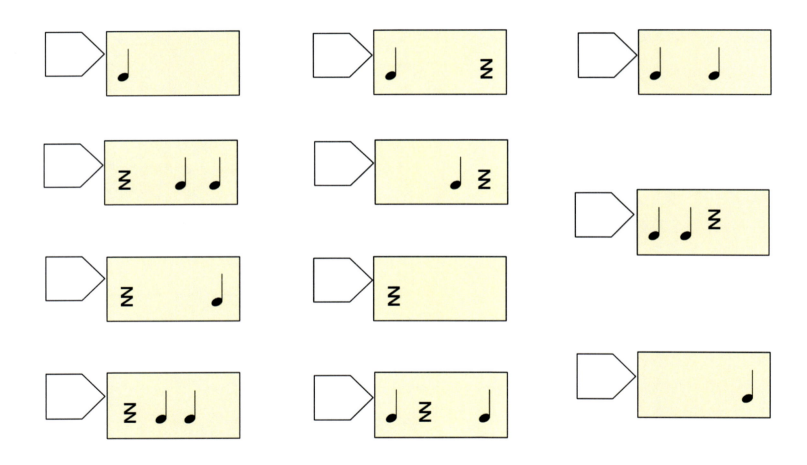

2.5 Leituras rítmicas com semínimas e suas pausas

Bata palmas e vocalize cada uma das sequências rítmicas em 8 pulsações, apresentadas nos quadros a seguir. Escolha uma nota no piano e toque as sequências usando os dedos indicadores das mãos direita e esquerda, alternada e simultaneamente.

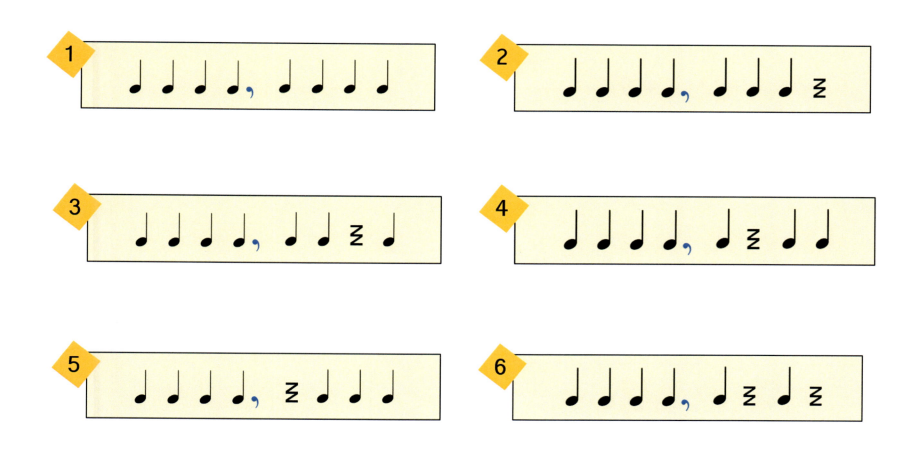

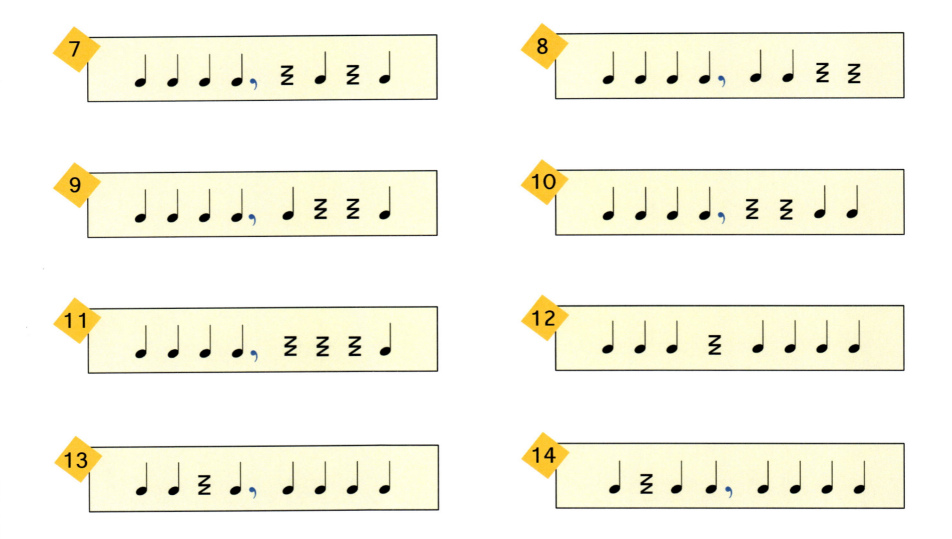

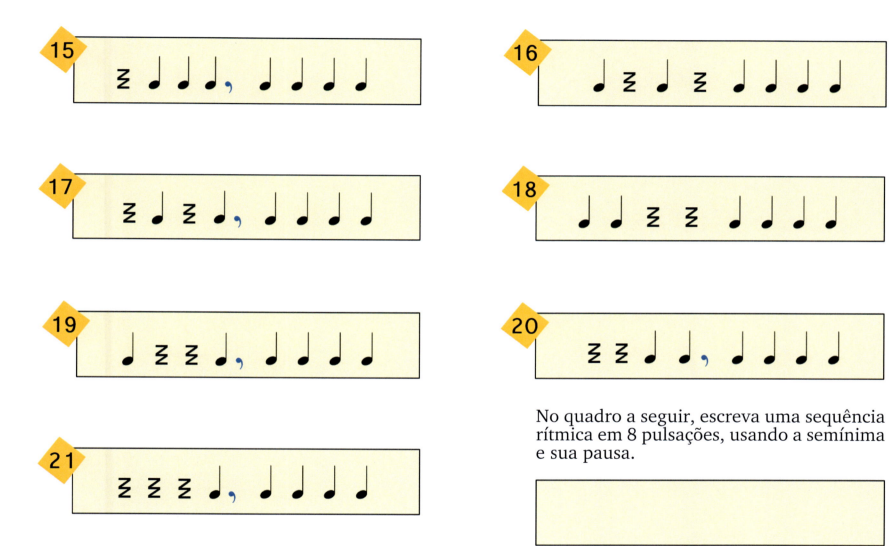

No quadro a seguir, escreva uma sequência rítmica em 8 pulsações, usando a semínima e sua pausa.

Série 3 – Trigrama, semínima e sua pausa

3.1 Notas musicais escritas no trigrama

Vamos desenhar três linhas paralelas nas quais as notas musicais serão escritas em forma de bolinhas. Essas linhas e espaços formam um TRIGRAMA. Veja a seguir os números das linhas e espaços do trigrama.

Agora, veja como podemos escrever as notas musicais nas linhas e espaços do trigrama.

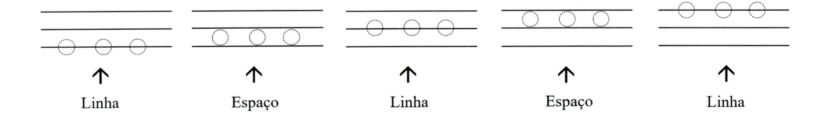

Veja como as notas musicais também podem ser escritas nos espaços abaixo da linha inferior e acima da linha superior do trigrama.

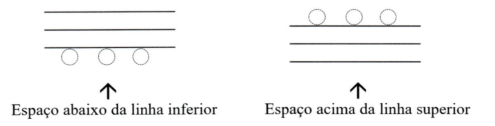

3.2 Escrevendo semínimas e suas pausas no trigrama

Vamos praticar a escrita das notas nas linhas e espaços do trigrama usando SEMÍNIMAS. Nos trigramas a seguir, complete os espaços e linhas com semínimas, a partir da primeira nota. Depois, toque cada uma das sequências no piano, nas notas e registros que escolher, usando o dedo indicador da mão direita ou da mão esquerda.

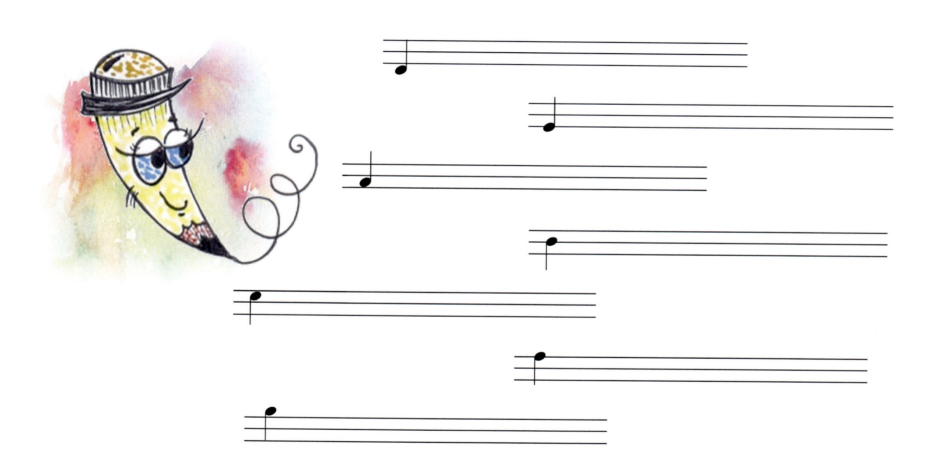

Vamos praticar a escrita das notas nas linhas e espaços do trigrama usando SEMÍNIMAS e suas PAUSAS. Nos trigramas a seguir, complete os espaços e linhas com semínimas, a partir da primeira nota. Depois, toque cada uma das sequências no piano, nas notas e registros que escolher, usando o dedo indicador da mão direita ou da mão esquerda.

40

3.3 Movimentos sonoros ascendentes e descendentes

Você já conhece os movimentos sonoros ASCENDENTES e DESCENDENTES. Vamos lembrar como as mãos realizam esses movimentos no piano. Os quadros a seguir mostram como os movimentos sonoros ascendentes e descendentes são realizados quando tocamos com os dedos da mão direita e da mão esquerda.

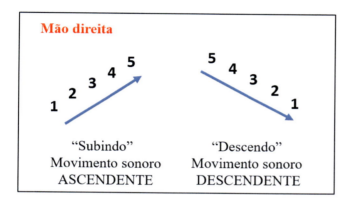
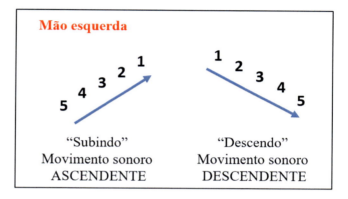

Agora, vamos lembrar como os movimentos sonoros ascendentes e descendentes são tocados no teclado.

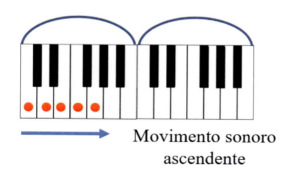

Movimento sonoro ascendente

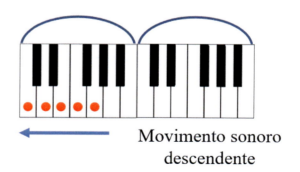

Movimento sonoro descendente

Vamos escrever semínimas em todas as linhas e espaços do trigrama em movimentos sonoros ascendentes e descendentes. Veja os exemplos a seguir.

Movimento sonoro ASCENDENTE

Escreva semínimas em movimentos sonoros ascendentes a partir da nota indicada.

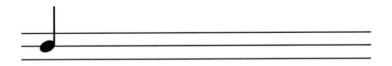

Movimento sonoro DESCENDENTE

Escreva semínimas em movimentos sonoros descendentes a partir da nota indicada.

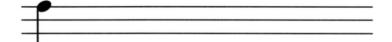

3.4 Leituras no trigrama com semínimas e suas pausas

Toque no piano as sequências a seguir, nas notas e registros que escolher. Use primeiro o dedo indicador da mão direita, depois toque novamente com o indicador da mão esquerda. Toque também com os dedos indicadores simultaneamente.

3.5 Leituras no trigrama com todos os dedos: mão direita

Toque no piano as sequências a seguir, nas notas e registros que escolher. Use todos os cinco dedos da mão direita.

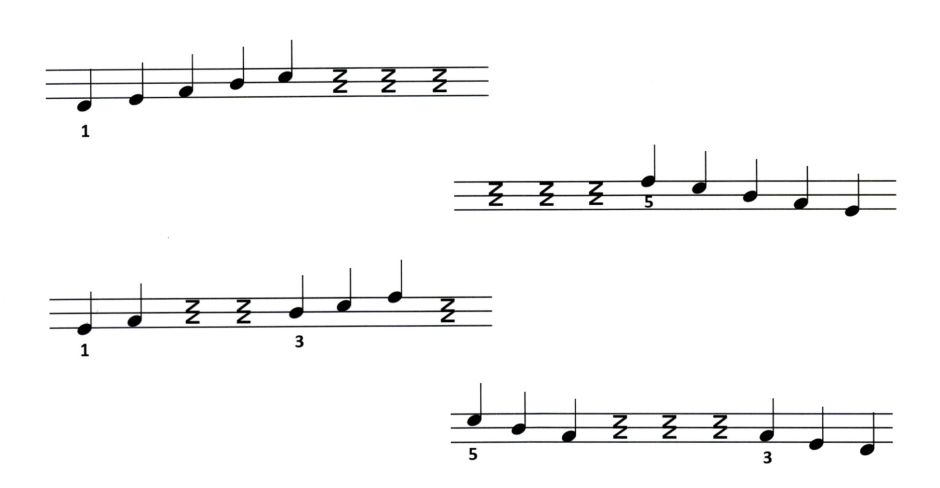

3.6 Leituras no trigrama com todos os dedos: mão esquerda

Toque no piano as sequências a seguir, nas notas e registros que escolher. Use todos os cinco dedos da mão esquerda.

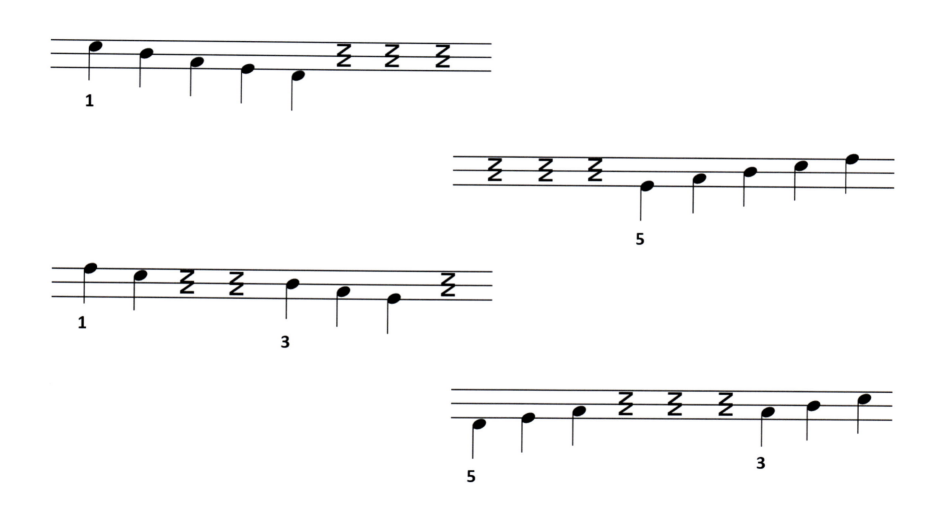

Série 4 – Mínima e sua pausa

4.1 Conhecendo a mínima e sua pausa

Vamos treinar a leitura-escrita da mínima e sua pausa. Veja nos quadros a seguir como elas são escritas e sua correspondência com a leitura-escrita por traços. Lembre-se que a mínima e sua pausa têm a duração de duas pulsações.

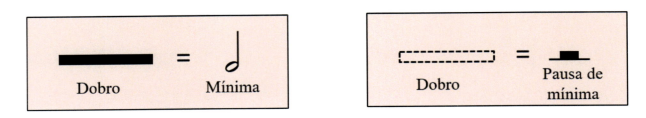

Acima dos traços, escreva as semínimas, as mínimas e suas pausas correspondentes.

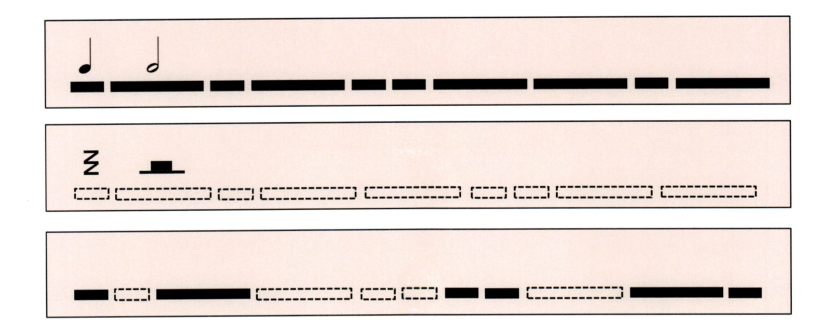

4.2 Sequências rítmicas com semínimas, mínimas e suas pausas

Bata palmas e vocalize várias vezes cada uma das sequências rítmicas em 4 pulsações, apresentadas nos quadros a seguir, até que você as memorize bem. Faça leituras de duas sequências seguidas (por exemplo, 1 e 3; 4 e 6 etc.). Escolha uma nota no piano e toque as sequências usando os dedos indicadores das mãos direita e esquerda, alternada e simultaneamente.

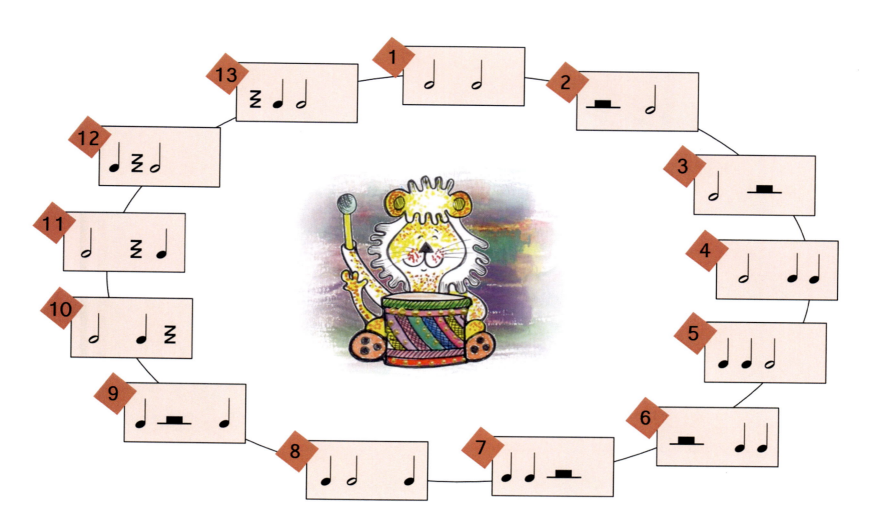

4.3 Parlendas com semínimas, mínimas e suas pausas

Vamos realizar as parlendas a seguir, falando a letra e batendo palmas nos locais indicados.

CHOCOLATE QUENTE

PICOLÉ

4.4 Leitura-escrita de semínimas, mínimas e suas pausas

Nos quadros a seguir, estão escritas as sequências rítmicas com semínimas, mínimas e suas pausas em 4 pulsações. Dentro das setinhas, numere os quadros como quiser. Depois, leia consecutivamente as sequências na ordem numerada. Escolha uma nota no piano e toque as sequências usando os dedos indicadores das mãos direita e esquerda, alternada e simultaneamente.

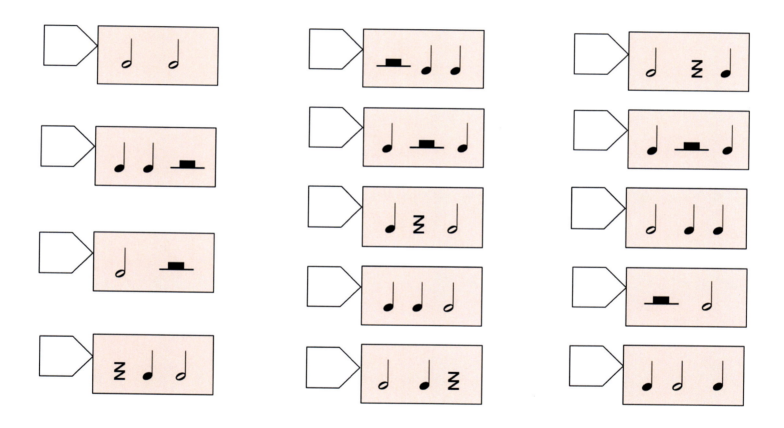

Nos quadros a seguir, as sequências rítmicas estão incompletas. Você pode completá-las usando semínimas, mínimas e suas pausas em 4 pulsações. Dentro das setinhas, numere os quadros como quiser. Depois, leia consecutivamente as sequências na ordem numerada. Escolha uma nota no piano e toque as sequências usando os dedos indicadores das mãos direita e esquerda, alternada e simultaneamente.

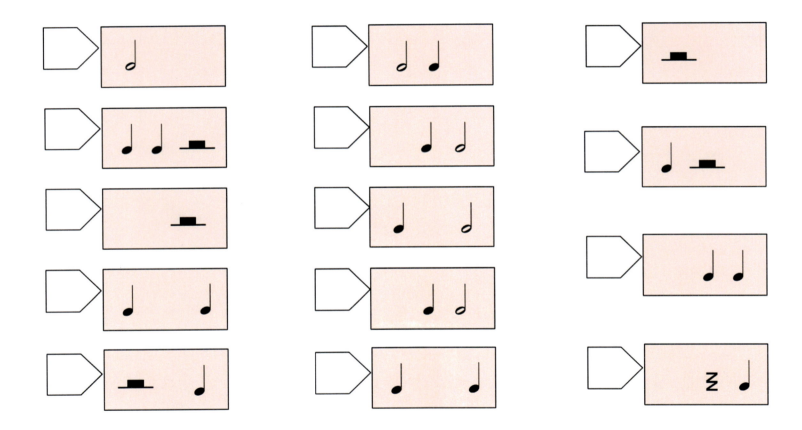

4.5 Leituras rítmicas com semínimas, mínimas e suas pausas

Bata palmas e vocalize cada uma das sequências rítmicas em 8 pulsações, apresentadas nos quadros a seguir. Escolha uma nota no piano e toque as sequências usando os dedos indicadores das mãos direita e esquerda, alternada e simultaneamente.

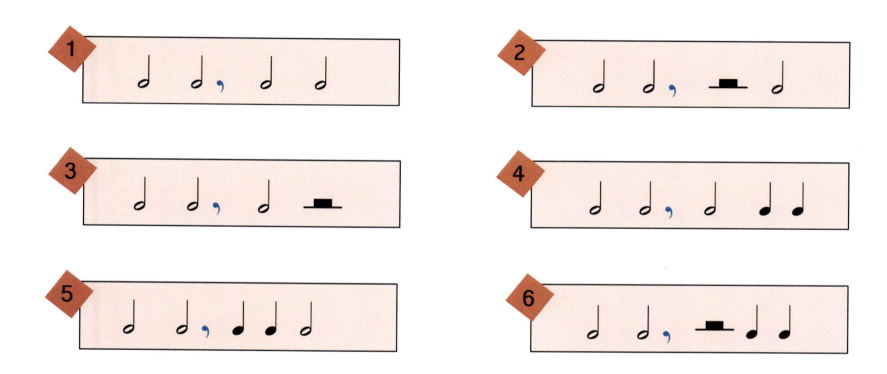

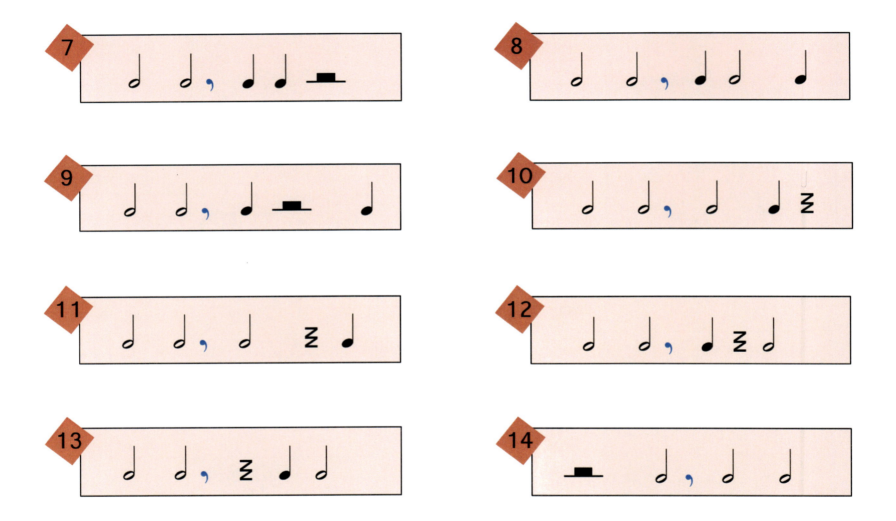

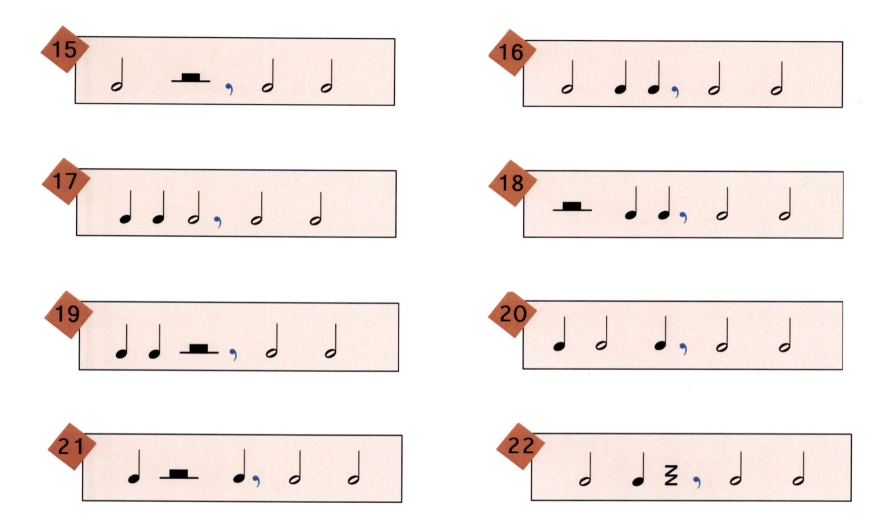

Nos quadros a seguir, escreva sequências rítmicas em 8 pulsações, usando a semínima, a mínima e suas pausas.

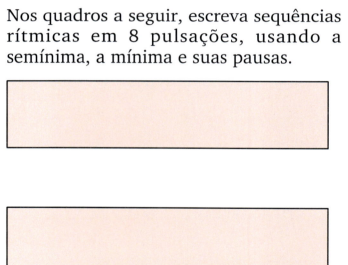

4.6 Leituras no trigrama com semínimas, mínimas e suas pausas

Toque no piano as sequências a seguir, nas notas e registros que escolher. Use primeiro o dedo indicador da mão direita, depois toque novamente com o indicador da mão esquerda. Toque também com os dedos indicadores simultaneamente.

4.7 Leituras no trigrama com todos os dedos: mão direita

Toque no piano as sequências a seguir, nas notas e registros que escolher. Use todos os cinco dedos da mão direita.

4.8 Leituras no trigrama com todos os dedos: mão esquerda

Toque no piano as sequências a seguir, nas notas e registros que escolher. Use todos os cinco dedos da mão esquerda.

Série 5 – Mínima pontuada e sua pausa

5.1 Conhecendo a mínima pontuada e sua pausa

Vamos treinar a leitura-escrita da mínima pontuada e sua pausa. Veja nos quadros a seguir como elas são escritas e sua correspondência com a leitura-escrita por traços. Lembre-se que a mínima pontuada e sua pausa têm a duração de três pulsações.

Acima dos traços, escreva as semínimas, as mínimas pontuadas e suas pausas correspondentes.

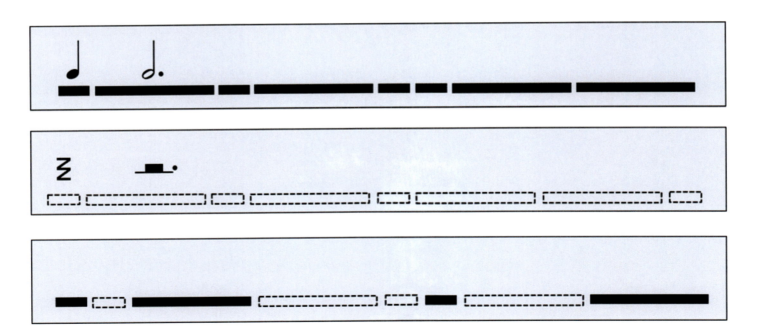

5.2 Sequências rítmicas com semínimas, mínimas pontuadas e suas pausas

Bata palmas e vocalize várias vezes cada uma das sequências rítmicas em 6 pulsações, apresentadas nos quadros a seguir, até que você as memorize bem. Faça leituras de duas sequências seguidas (por exemplo, 1 e 3; 4 e 6 etc.). Escolha uma nota no piano e toque as sequências usando os dedos indicadores das mãos direita e esquerda, alternada e simultaneamente.

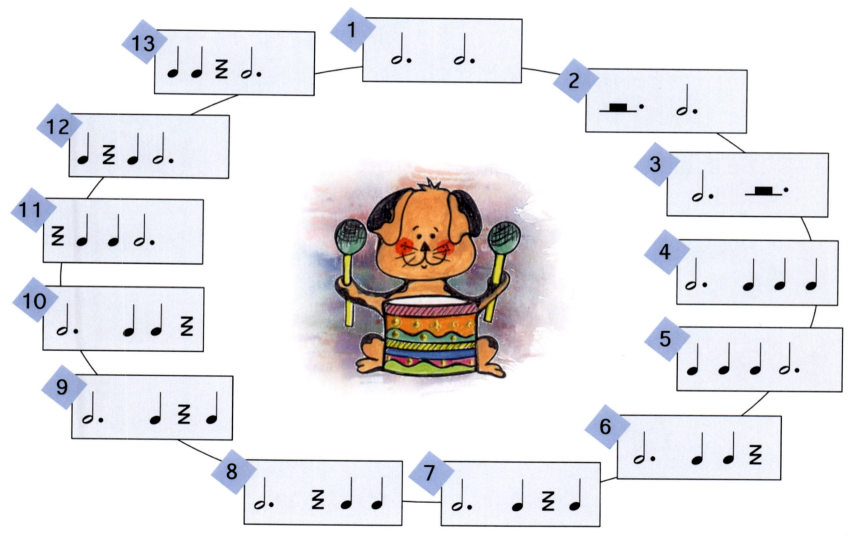

5.3 Parlendas com semínimas, mínimas pontuadas e suas pausas

Vamos realizar as parlendas a seguir, falando a letra e batendo palmas nos locais indicados.

BOLO DE CORAÇÃO

MACARRÃO COM LIMÃO

5.4 Leitura-escrita de semínimas, mínimas pontuadas e suas pausas

Nos quadros a seguir, estão escritas as sequências rítmicas com semínimas, mínimas pontuadas e suas pausas em 6 pulsações. Dentro das setinhas, numere os quadros como quiser. Depois, leia consecutivamente as sequências na ordem numerada. Escolha uma nota no piano e toque as sequências usando os dedos indicadores das mãos direita e esquerda, alternada e simultaneamente.

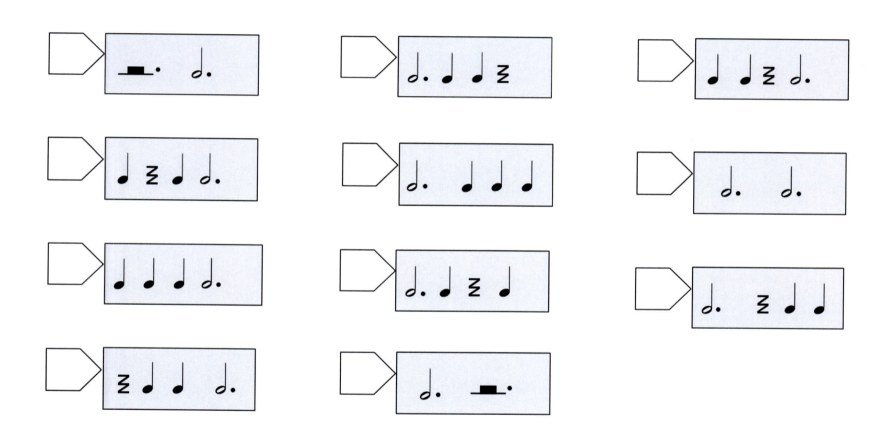

Nos quadros a seguir, as sequências rítmicas estão incompletas. Você pode completá-las usando semínimas, mínimas pontuadas e suas pausas em 6 pulsações. Dentro das setinhas, numere os quadros como quiser. Depois, leia consecutivamente as sequências na ordem numerada. Escolha uma nota no piano e toque as sequências usando os dedos indicadores das mãos direita e esquerda, alternada e simultaneamente.

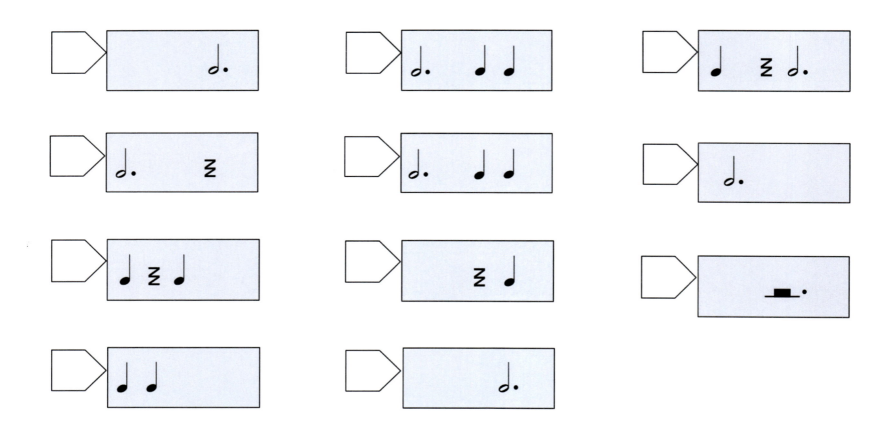

5.5 Leituras rítmicas com semínimas, mínimas pontuadas e suas pausas

Bata palmas e vocalize cada uma das sequências rítmicas em 12 pulsações, apresentadas nos quadros a seguir. Escolha uma nota no piano e toque as sequências usando os dedos indicadores das mãos direita e esquerda, alternada e simultaneamente.

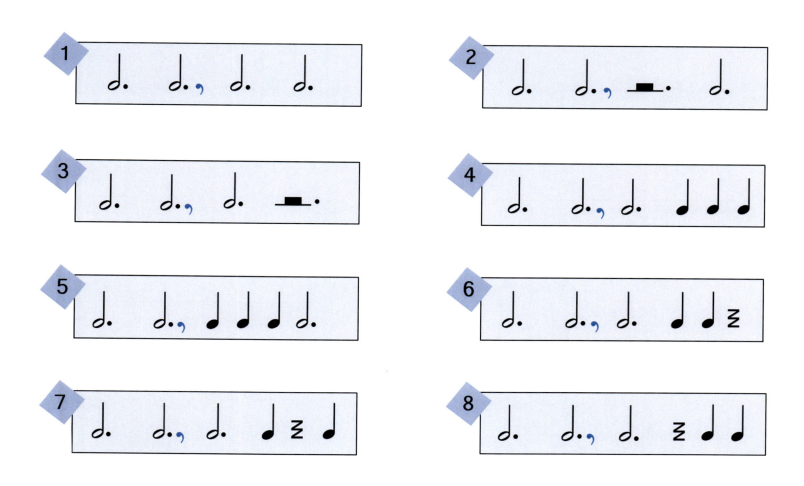

9

10

11

12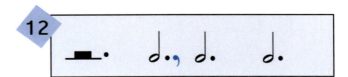

13

14

Nos quadros a seguir, escreva sequências rítmicas em 12 pulsações, usando a semínima, a mínima pontuada e suas pausas.

5.6 Leituras no trigrama com semínimas, mínimas pontuadas e suas pausas

Toque no piano as sequências a seguir, nas notas e registros que escolher. Use primeiro o dedo indicador da mão direita, depois toque novamente com o indicador da mão esquerda. Toque também com os dedos indicadores simultaneamente.

5.7 Leituras no trigrama com todos os dedos: mão direita

Toque no piano as sequências a seguir, nas notas e registros que escolher. Use todos os cinco dedos da mão direita.

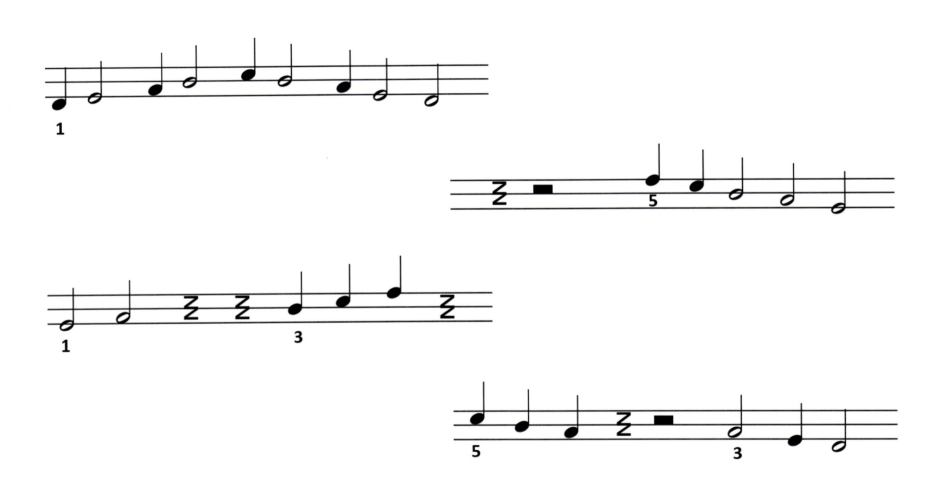

5.6 Leituras no trigrama com semínimas, mínimas pontuadas e suas pausas

Toque no piano as sequências a seguir, nas notas e registros que escolher. Use primeiro o dedo indicador da mão direita, depois toque novamente com o indicador da mão esquerda. Toque também com os dedos indicadores simultaneamente.

5.7 Leituras no trigrama com todos os dedos: mão direita

Toque no piano as sequências a seguir, nas notas e registros que escolher. Use todos os cinco dedos da mão direita.

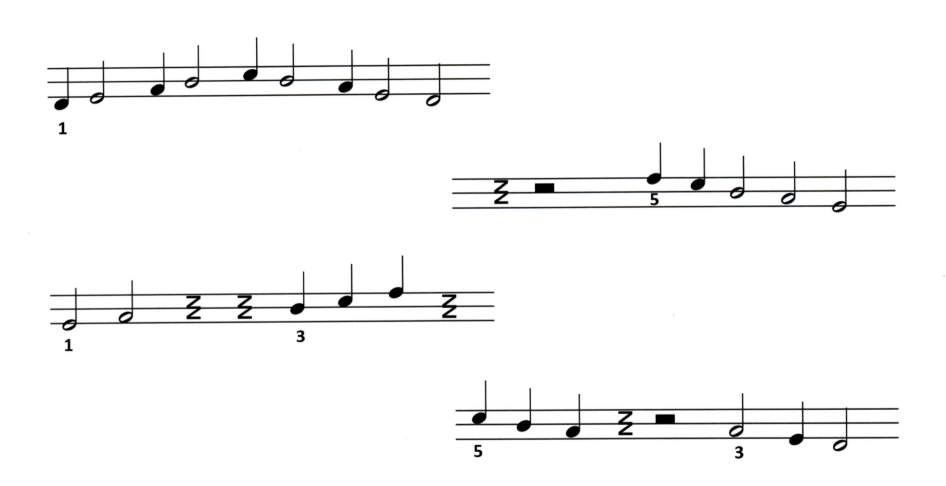

70

5.8 Leituras no trigrama com todos os dedos: mão esquerda

Toque no piano as sequências a seguir, nas notas e registros que escolher. Use todos os cinco dedos da mão esquerda.

Série 6 - Semibreve e sua pausa

6.1 Conhecendo a semibreve e sua pausa

Vamos treinar a leitura-escrita da semibreve e sua pausa. Veja nos quadros a seguir como elas são escritas e sua correspondência com a leitura-escrita por traços. Lembre-se que a semibreve e sua pausa têm a duração de quatro pulsações.

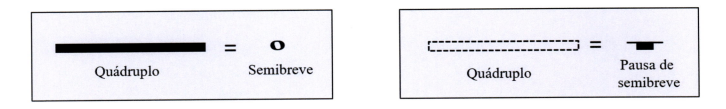

Acima dos traços, escreva as semínimas, as semibreves e suas pausas correspondentes.

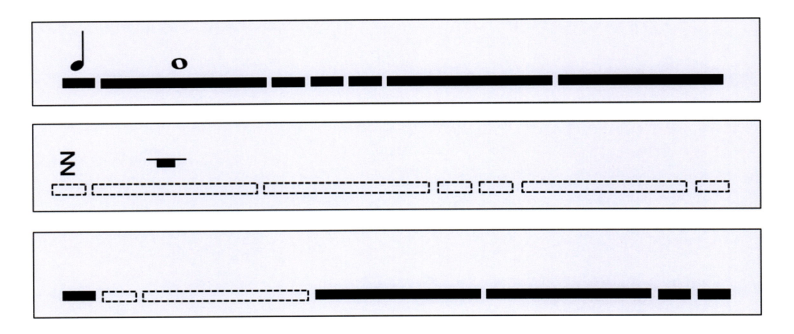

6.2 Sequências rítmicas com semínimas, semibreves e suas pausas

Bata palmas e vocalize várias vezes cada uma das sequências rítmicas em 6 pulsações, apresentadas nos quadros a seguir, até que você as memorize bem. Faça leituras de duas sequências seguidas (por exemplo, 1 e 3; 4 e 6 etc.). Escolha uma nota no piano e toque as sequências usando os dedos indicadores das mãos direita e esquerda, alternada e simultaneamente.

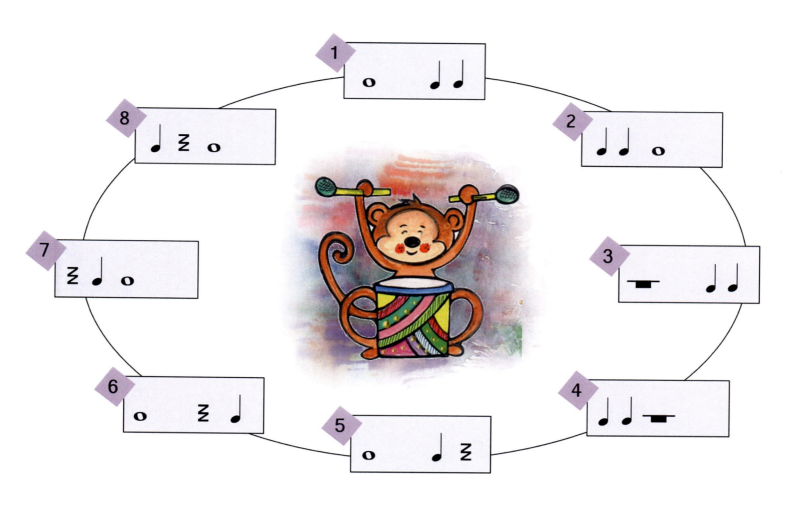

6.3 Parlendas com semínimas, semibreves e suas pausas

Vamos realizar as parlendas a seguir, falando a letra e batendo palmas nos locais indicados.

PÃO COM REQUEIJÃO

HORA DO JANTAR

6.4 Leitura-escrita de semínimas, semibreves e suas pausas

Nos quadros a seguir, estão escritas as sequências rítmicas com semínimas, semibreves e suas pausas em 6 pulsações. Dentro das setinhas, numere os quadros como quiser. Depois, leia consecutivamente as sequências na ordem numerada. Escolha uma nota no piano e toque as sequências usando os dedos indicadores das mãos direita e esquerda, alternada e simultaneamente.

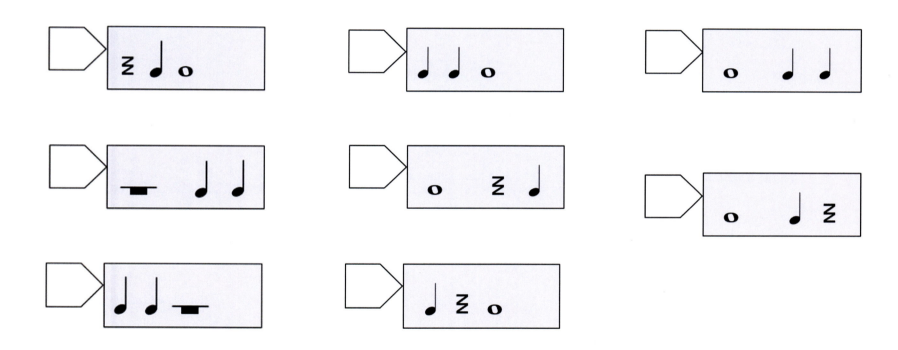

Nos quadros a seguir, as sequências rítmicas estão incompletas. Você pode completá-las usando semínimas, semibreves e suas pausas em 6 pulsações. Dentro das setinhas, numere os quadros como quiser. Depois, leia consecutivamente as sequências na ordem numerada. Escolha uma nota no piano e toque as sequências usando os dedos indicadores das mãos direita e esquerda, alternada e simultaneamente.

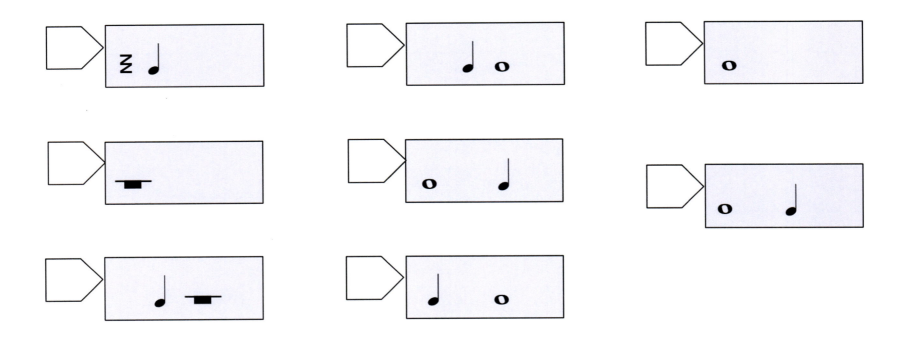

6.5 Leituras rítmicas com semínimas, semibreves e suas pausas

Bata palmas e vocalize cada uma das sequências rítmicas em 12 pulsações, apresentadas nos quadros a seguir. Escolha uma nota no piano e toque as sequências usando os dedos indicadores das mãos direita e esquerda, alternada e simultaneamente.

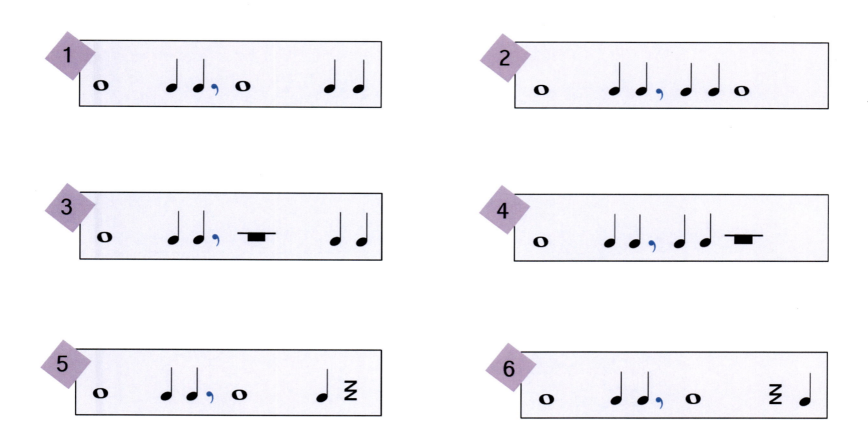

Nos quadros a seguir, escreva sequências rítmicas em 12 pulsações, usando a semínima, a semibreve e suas pausas.

6.6 Leituras no trigrama com semínimas, semibreves e suas pausas

Toque no piano as sequências a seguir, nas notas e registros que escolher. Use primeiro o dedo indicador da mão direita, depois toque novamente com o indicador da mão esquerda. Toque também com os dedos indicadores simultaneamente.

6.7 Leituras no trigrama com todos os dedos: mão direita

Toque no piano as sequências a seguir, nas notas e registros que escolher. Use todos os cinco dedos da mão direita.

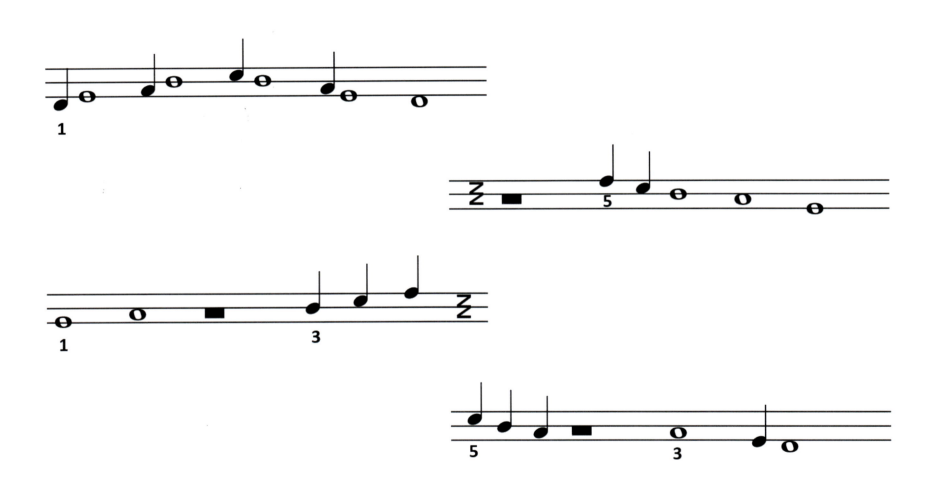

6.8 Leituras no trigrama com todos os dedos: mão esquerda

Toque no piano as sequências a seguir, nas notas e registros que escolher. Use todos os cinco dedos da mão esquerda.

Série 7 – Todas as figuras rítmicas juntas e misturadas

7.1 Relembrando as figuras rítmicas

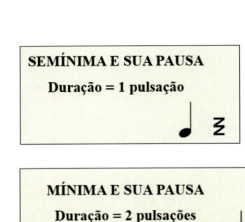

SEMÍNIMA E SUA PAUSA
Duração = 1 pulsação

MÍNIMA E SUA PAUSA
Duração = 2 pulsações

MÍNIMA PONTUADA E SUA PAUSA
Duração = 3 pulsações

SEMIBREVE E SUA PAUSA
Duração = 4 pulsações

Agora, todas as figuras rítmicas estão juntas e misturadas nas sequências rítmicas que você vai ler. Vamos lembrar as durações das figuras rítmicas?

7.2 Leitura-escrita das figuras rítmicas juntas e misturadas

Nos quadros a seguir, estão escritas as sequências rítmicas com semínimas, mínimas, mínimas pontuadas, semibreves e suas pausas em 8 pulsações. Dentro das setinhas, numere os quadros como quiser. Depois, leia consecutivamente as sequências na ordem numerada. Escolha uma nota no piano e toque as sequências usando os dedos indicadores das mãos direita e esquerda, alternada e simultaneamente.

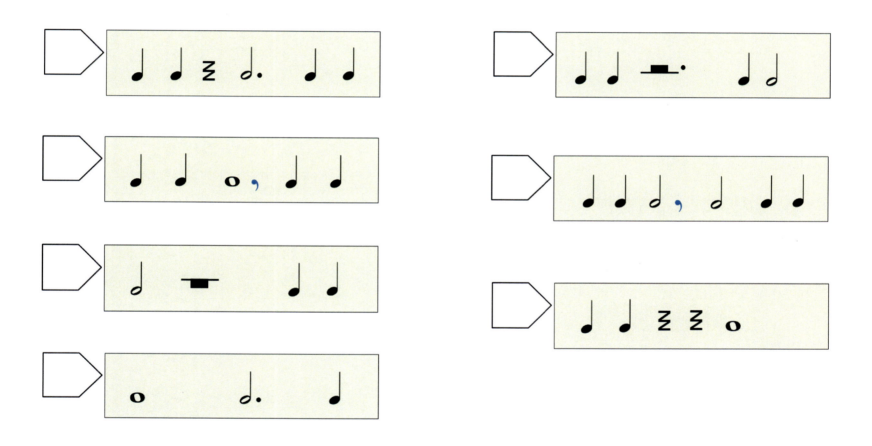

Nos quadros a seguir, as sequências rítmicas estão incompletas. Você pode completá-las usando semínimas, mínimas, mínimas pontuadas, semibreves e suas pausas em 8 pulsações. Dentro das setinhas, numere os quadros como quiser. Depois, leia consecutivamente as sequências na ordem numerada. Escolha uma nota no piano e toque as sequências usando os dedos indicadores das mãos direita e esquerda, alternada e simultaneamente.

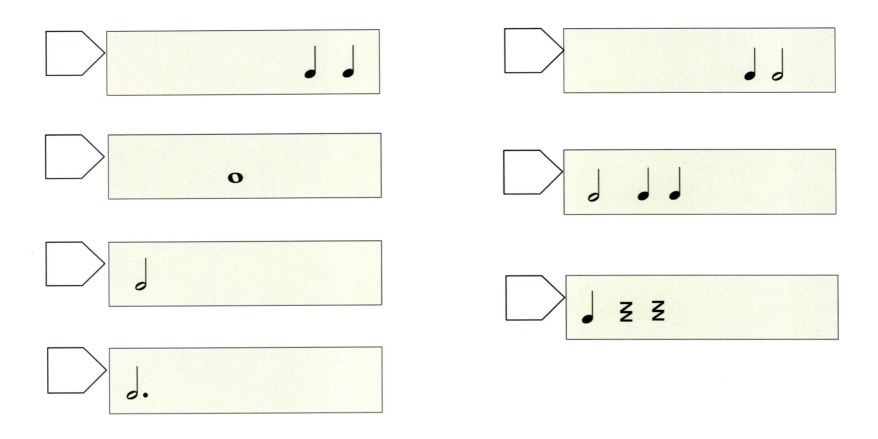

7.3 Mais leituras com todas as figuras rítmicas juntas e misturadas

Bata palmas e vocalize cada uma das sequências rítmicas em 12 pulsações, apresentadas nos quadros a seguir. Escolha uma nota no piano e toque as sequências usando os dedos indicadores das mãos direita e esquerda, alternada e simultaneamente.

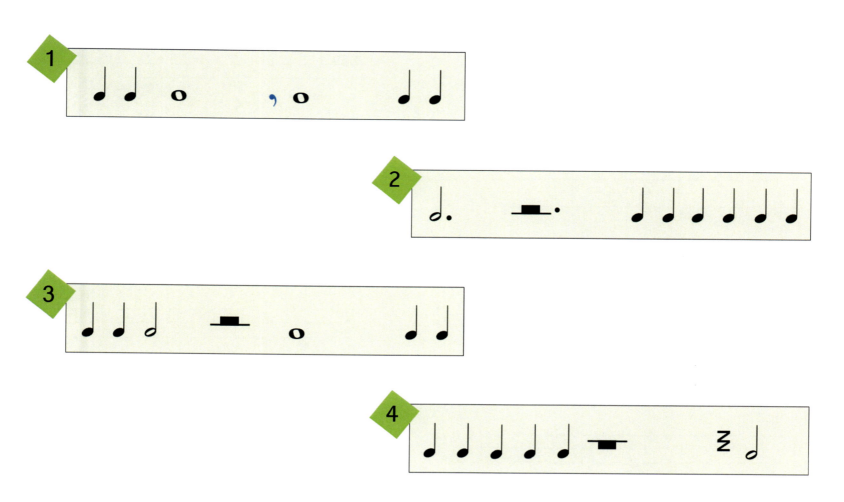

7.4 Leituras no trigrama com todas as figuras rítmicas juntas e misturadas

Toque no piano as sequências a seguir, nas notas e registros que escolher. Use primeiro o dedo indicador da mão direita, depois toque novamente com o indicador da mão esquerda. Toque também com os dedos indicadores simultaneamente.

7.5 Leituras no trigrama com todos os dedos: mão direita

Toque no piano as sequências a seguir, nas notas e registros que escolher. Use todos os cinco dedos da mão direita.

7.6 Leituras no trigrama com todos os dedos: mão esquerda

Toque no piano as sequências a seguir, nas notas e registros que escolher. Use todos os cinco dedos da mão esquerda.

7.7 Leituras rítmicas para se divertir

Nesta página e na próxima, você vai encontrar todos os cartões de sequências com semínimas, mínimas, mínimas pontuadas, semibreves e suas pausas que foram usadas anteriormente. Você vai cortá-los e misturá-los como quiser, para realizar as leituras de todos juntos e misturados. Divirta-se com as leituras rítmicas!

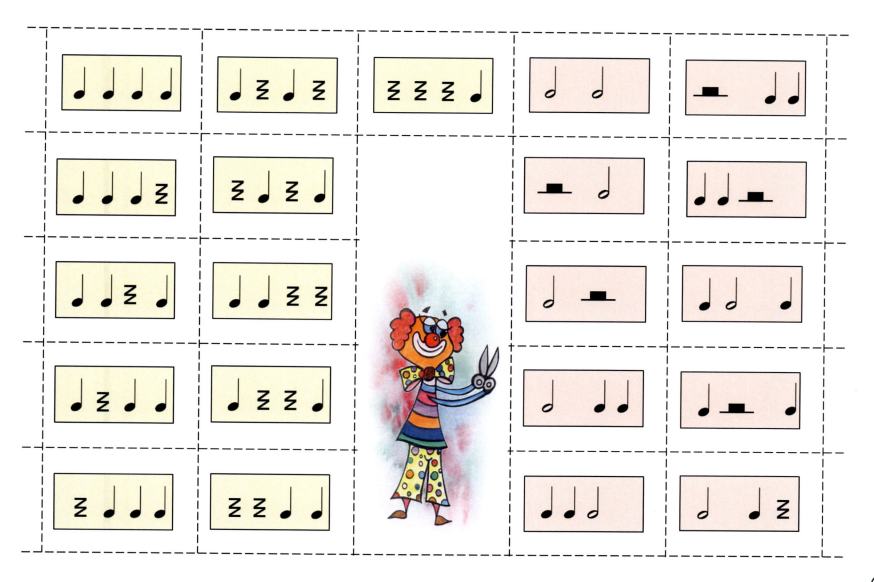

Parabéns!

Você chegou ao final do
capítulo de LEITURA RÍTMICA.
Vamos ver tudo o que você aprendeu?

1. DURAÇÕES DE UNIDADE, DOBRO, TRIPLO E QUÁDRUPLO E OS SILÊNCIOS CORRESPONDENTES.
2. AS FIGURAS RÍTMICAS: SEMÍNIMA, MÍNIMA, MÍNIMA PONTUADA, SEMIBREVE E SUAS PAUSAS.
3. OS OSTINATOS RÍTMICOS.

Neste quadro, escreva sua percepção sobre aquilo que você aprendeu: o que você achou fácil e o que você achou difícil.

Queridos alunos

1. Antes de tocar, observem bem as leituras e os dedilhados de cada página.
2. Vocalizem os sons que podem representar as sequências sonoras.
3. Trabalhem com atenção as abordagens motoras que vão usar para realizar as sequências sonoras.
4. Cantem e toquem as canções.
5. Realizem as leituras relativas no piano assim: leiam uma primeira vez em andamento confortável; leiam outras vezes em andamentos mais rápidos.
6. Não olhem para as mãos. Não fixem os olhos no ponto em que estão lendo, olhem adiante. Evitem paradas, mesmo que haja erros.
7. Ouçam o que estão tocando.

DIVIRTAM-SE!

Série 1 – Escrita de notas musicais no pentagrama

1.1 O pentagrama

Lembra-se dos trigramas nos quais escrevemos notas musicais? Agora, vamos acrescentar mais duas linhas para formar o PENTAGRAMA, que é um conjunto de cinco linhas paralelas onde as notas musicais são escritas.

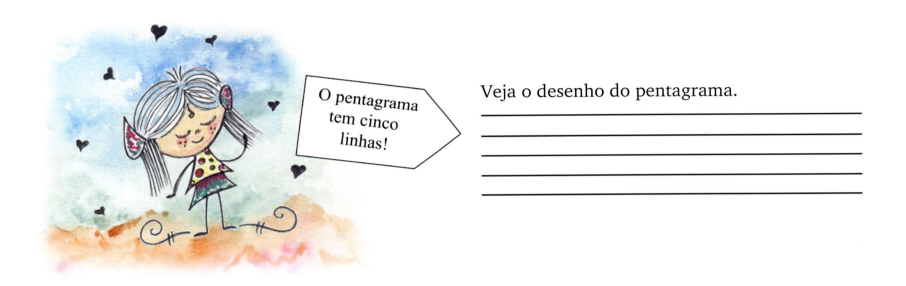

Com a ajuda de uma régua, reforce as linhas pontilhadas para desenhar um pentagrama musical.

Veja a forma correta de numerar as linhas ...   ... e os espaços do pentagrama.

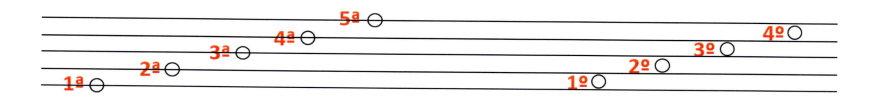

Podemos também escrever notas musicais no espaço abaixo da primeira linha e no espaço acima da quinta linha.

Espaço abaixo da primeira linha

Espaço acima da quinta linha

Vamos ver como as notas são escritas no pentagrama?

Nas LINHAS   Nos ESPAÇOS

1.2 Barras no pentagrama

Usamos barras para delimitar o início e o fim do pentagrama. A barra simples é colocada no início à esquerda. A barra dupla é colocada no fim à direita. Veja, a seguir, o desenho das barras no pentagrama.

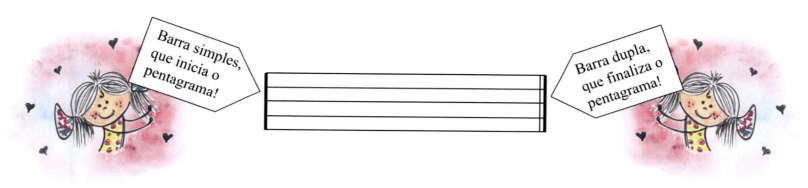

Existe também a barra dupla com sinal de repetição: dois pontinhos que indicam que você deve repetir o que tocou. Veja, a seguir, a barra dupla com o sinal de repetição.

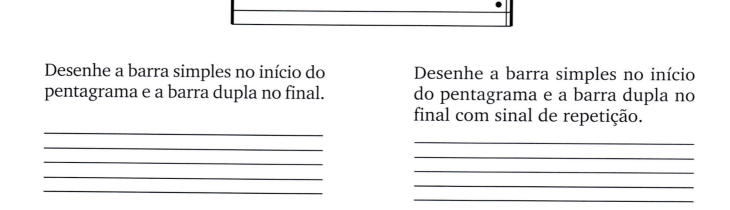

Desenhe a barra simples no início do pentagrama e a barra dupla no final.

Desenhe a barra simples no início do pentagrama e a barra dupla no final com sinal de repetição.

1.3 Comparando a escrita musical no trigrama e no pentagrama

Vamos comparar as notas musicais escritas no trigrama e no pentagrama. Elas representam os mesmos sons, SE VOCÊ TOCAR AS MESMAS NOTAS. Veja os exemplos a seguir nos quais as sequências sonoras da coluna à esquerda, escritas em trigramas, correspondem às sequências sonoras da direita, escritas em pentagramas. Toque essas sequências no piano, iniciando com a mesma nota nas sequências correspondentes. Você poderá tocar com a mão esquerda, depois com a direita.

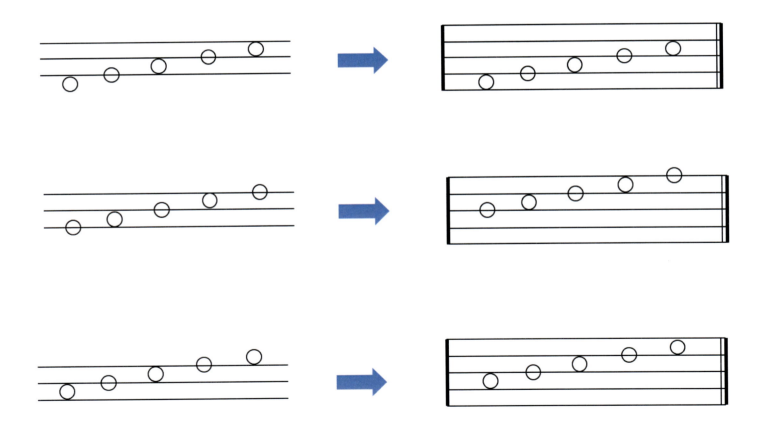

Vamos escrever notas em movimentos sonoros ascendentes no pentagrama. Veja o exemplo a seguir. Complete as sequências, escrevendo quatro notas em movimentos sonoros ascendentes, iniciando na nota que já está escrita em cada pentagrama. Você poderá tocar com a mão esquerda, depois com a direita.

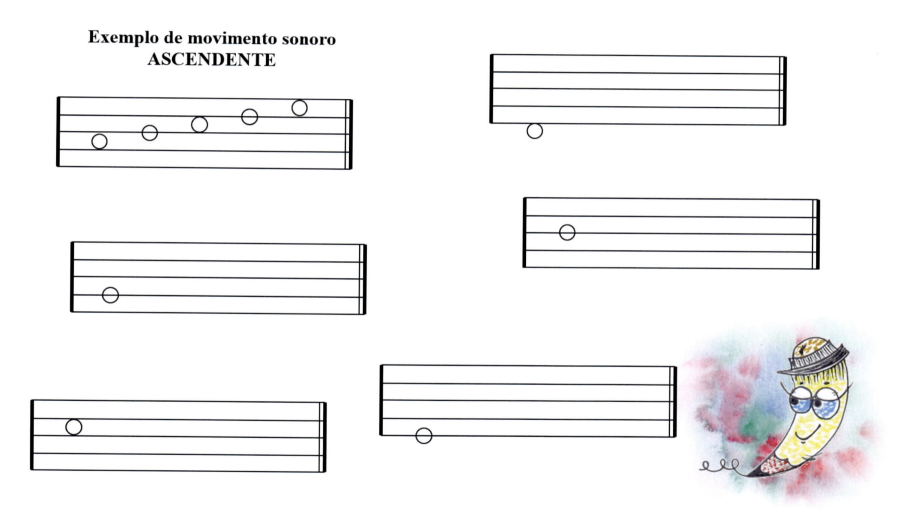

Vamos escrever notas em movimentos sonoros descendentes no pentagrama. Veja o exemplo a seguir. Complete as sequências, escrevendo quatro notas em movimentos sonoros descendentes, iniciando na nota que já está escrita em cada pentagrama. Você poderá tocar com a mão esquerda, depois com a direita.

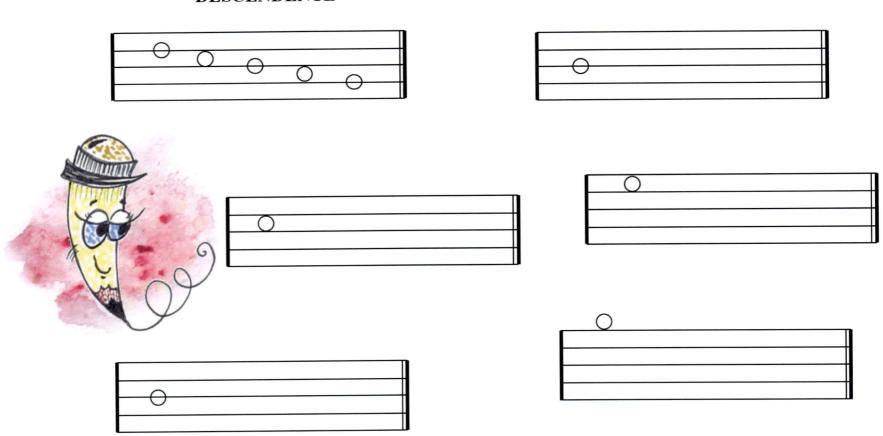

Série 2 – Posições das mãos no teclado e nomes das notas

2.1 Posições das mãos no teclado e nomes das notas em teclas brancas

Observe os teclados a seguir. As bolinhas vermelhas mostram diferentes posições nas quais você pode tocar no piano, usando apenas teclas brancas. Essas posições determinam sequências sonoras de cinco notas.

Toque cada uma das sequências no piano com a mão direita, iniciando com o dedo 1 em movimento sonoro ascendente e com o dedo 5 em movimento sonoro descendente. Depois, toque cada uma das sequências no piano com a mão esquerda, iniciando com o dedo 5 em movimento sonoro ascendente e com o dedo 1 em movimento sonoro descendente.

Treine os nomes das notas indicados nas escadinhas abaixo dos teclados, em movimentos sonoros ascendentes e descendentes, repetindo-as várias vezes em voz alta, cada vez mais rapidamente para memorizá-las.

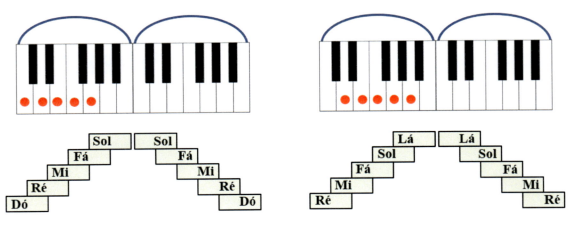

Cinco notas em Dó Maior   Cinco notas em Ré menor

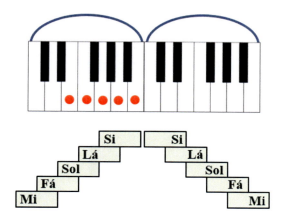

Cinco notas em Mi Frígio

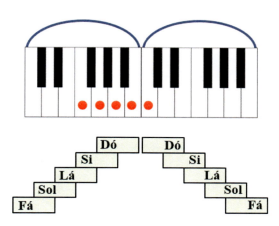

Cinco notas em Fá Lídio

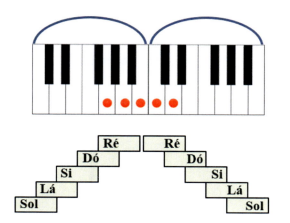

Cinco notas em Sol Maior

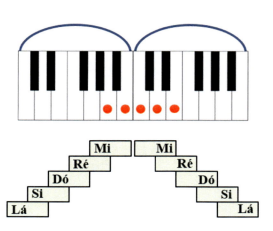

Cinco notas em Lá Menor

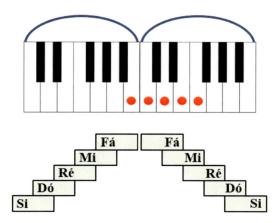

Cinco notas em Si Lócrio

2.2 Posições das mãos no teclado e nomes das notas em teclas brancas e pretas

Observe os teclados a seguir. As bolinhas vermelhas mostram diferentes posições nas quais você pode tocar no piano, usando teclas brancas e pretas. Essas posições determinam sequências sonoras de cinco notas.

Toque cada uma das sequências no piano com a mão direita, iniciando com o dedo 1 em movimento sonoro ascendente e com o dedo 5 em movimento sonoro descendente. Depois, toque cada uma das sequências no piano com a mão esquerda, iniciando com o dedo 5 em movimento sonoro ascendente e com o dedo 1 em movimento sonoro descendente.

Treine os nomes das notas indicados nas escadinhas abaixo dos teclados, em movimentos sonoros ascendentes e descendentes, repetindo-as várias vezes em voz alta, cada vez mais rapidamente para memorizá-las.

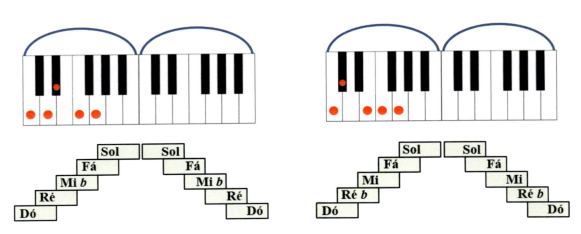

Cinco notas em Dó menor   Cinco notas em Dó Cigano Maior

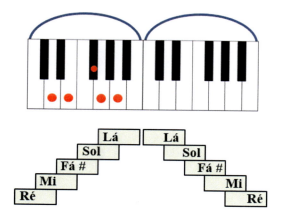

Cinco notas em Ré Maior

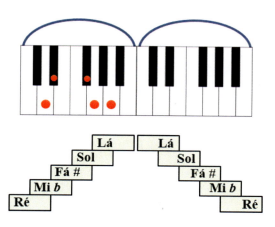

Cinco notas em Ré Cigano Maior

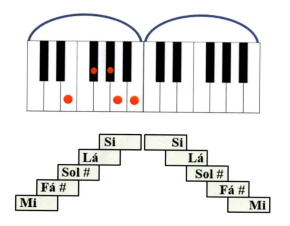

Cinco notas em Mi Maior

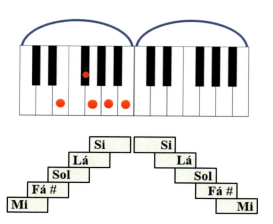

Cinco notas em Mi menor

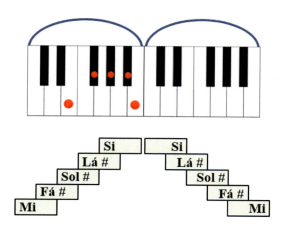

Cinco notas em Mi Lídio

Série 3 – Leituras no pentagrama com intervalos de segundas

3.1 Escrita das segundas no pentagrama

Os intervalos de segundas são sempre escritos no pentagrama em **LINHA - ESPAÇO** ou **ESPAÇO - LINHA**. Veja exemplos nos pentagramas a seguir.

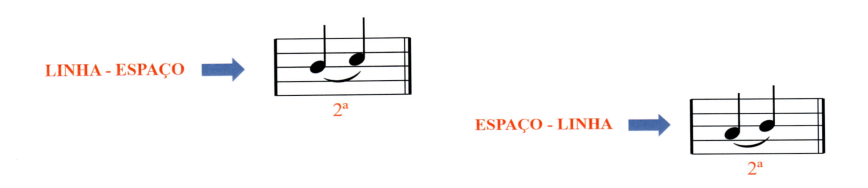

Veja exemplos dos intervalos de segundas escritos em semínimas nos pentagramas a seguir.

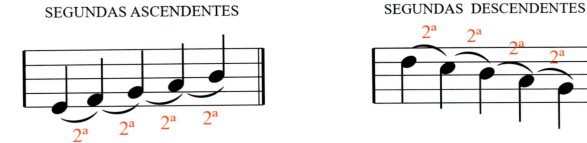

Em cada um dos pentagramas a seguir, escreva quatro semínimas para completar as sequências de notas em intervalos de SEGUNDAS ASCENDENTES.

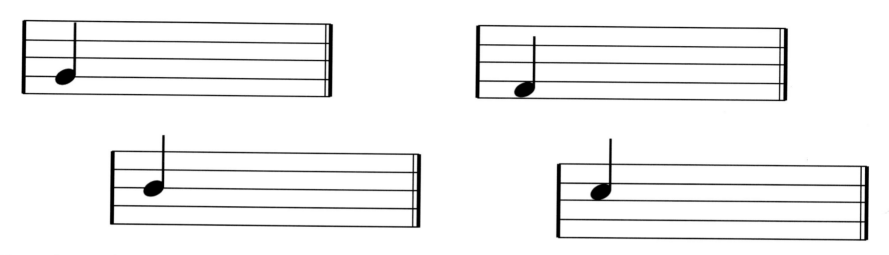

Em cada um dos pentagramas a seguir, escreva quatro semínimas para completar as sequências de notas em intervalos de SEGUNDAS DESCENDENTES.

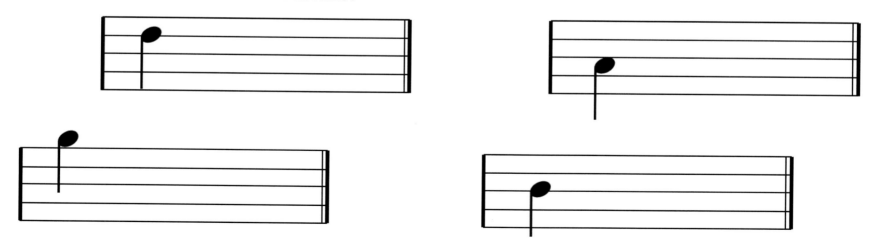

3.2 Canções com intervalos de segundas: mão direita

Cante e toque esta canção no piano, na posição indicada no teclado, usando os cinco dedos da mão direita. Observe as fermatas e as respirações, realizando as dinâmicas como quiser. Depois, você pode tocar a canção em outras posições no piano, à sua escolha.

BORBOLETA

Vamos cantar e tocar mais uma canção?

PROVA DE AMOR

3.3 Leituras com intervalos de segundas: mão direita

Com a mão direita, na posição indicada pelo teclado ao lado, toque no piano cada uma das sequências sem olhar para as mãos e sem parar. Observe as dinâmicas, as fermatas, as respirações e o pedal.

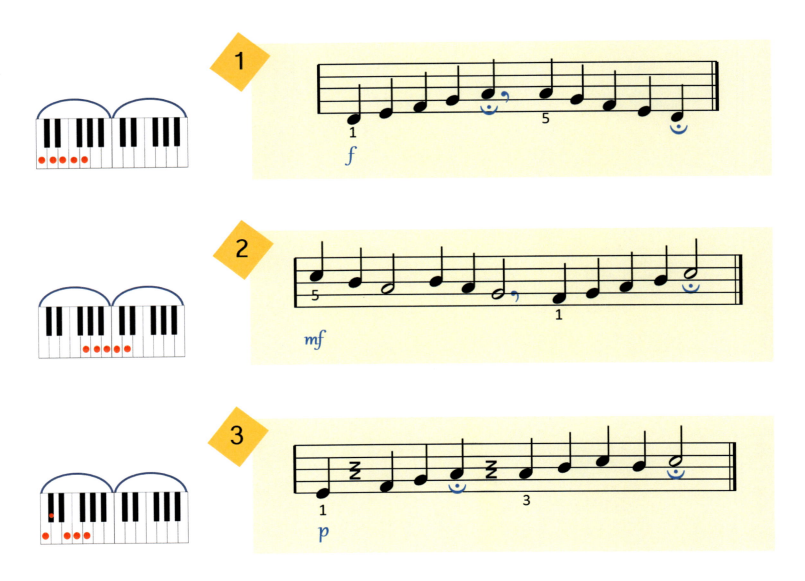

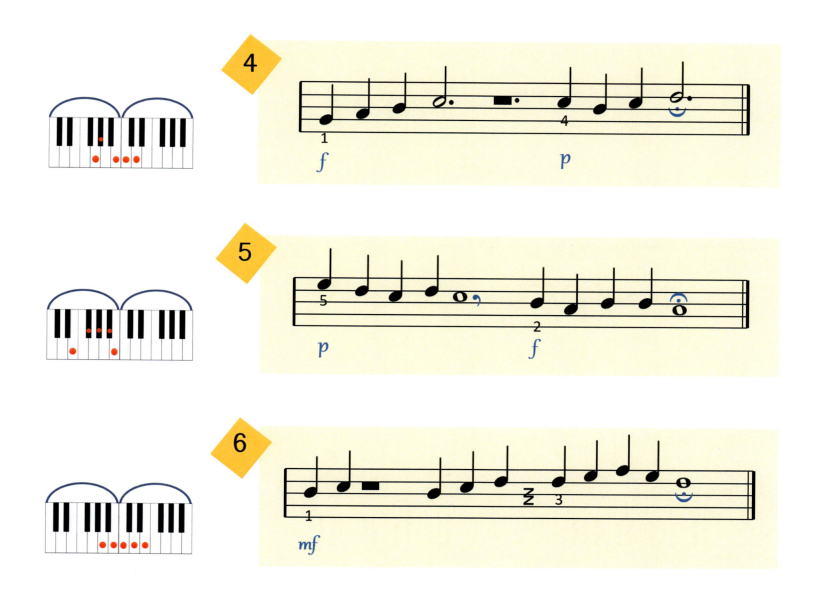

3.4 Uma melodia em várias posições: mão direita

Toque esta melodia no piano com a mão direita, nas posições indicadas nos teclados, observando os dedilhados, dinâmicas, fermatas e respirações.

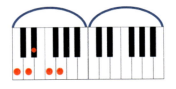
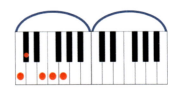

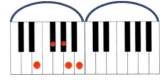

3.5 Canções com intervalos de segundas: mão esquerda

Cante e toque esta canção no piano, na posição indicada no teclado, usando os cinco dedos da mão esquerda. Observe as fermatas e as respirações, realizando as dinâmicas como quiser. Depois, você pode tocar a canção em outras posições no piano, à sua escolha.

BALÃO

Vamos cantar mais uma canção?

BARQUINHO

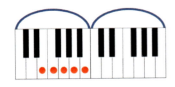

1ª - O bar-qui-nho vai, na-ve-gan-do vai. Lá no mar vai, vai, vai.
2ª - U- ma on-da vem, no ho-ri-zon-te vem. Lá no mar vem, vem, vem.

3.6 Leituras com intervalos de segundas: mão esquerda

Com a mão esquerda, na posição indicada pelo teclado ao lado, toque no piano cada uma das sequências sem olhar para as mãos e sem parar. Observe as dinâmicas, as fermatas, as respirações e o pedal.

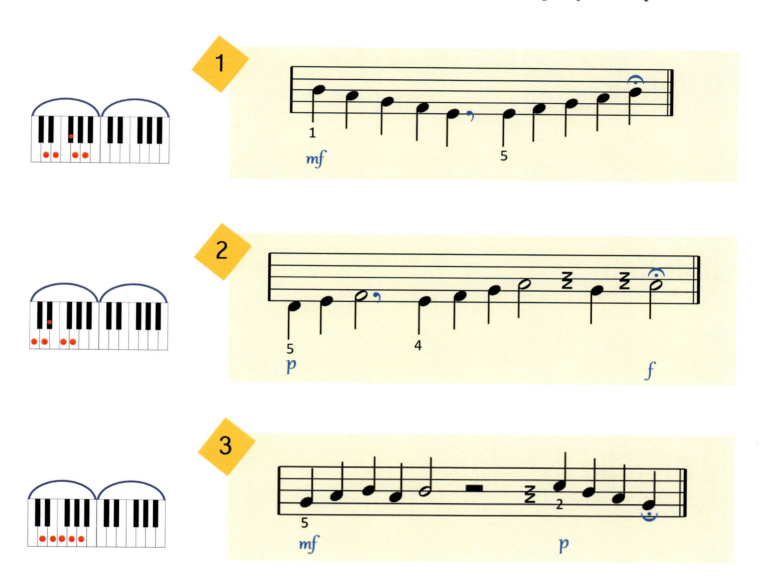

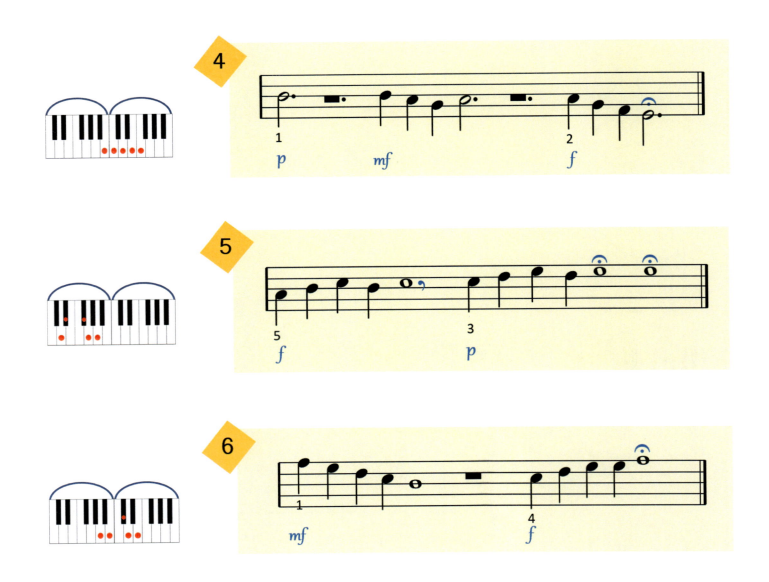

3.7 Uma melodia em várias posições: mão esquerda

Toque esta melodia no piano com a mão esquerda, nas posições indicadas nos teclados, observando os dedilhados, dinâmicas, fermatas e respirações.

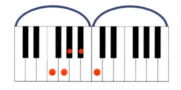

Série 4 - Leituras no pentagrama com intervalos de terças

4.1 Escrita das terças no pentagrama

Os intervalos de terças são sempre escritos no pentagrama em **LINHA - LINHA** ou **ESPAÇO - ESPAÇO**. Veja exemplos nos pentagramas a seguir.

Veja exemplos dos intervalos de terças escritos em semínimas nos pentagramas a seguir.

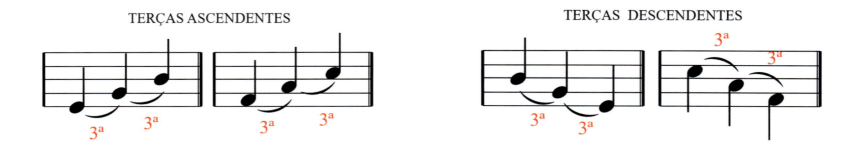

Escreva, em cada um dos pentagramas a seguir, três notas em semínimas para completar as sequências de notas em intervalos de TERÇAS ASCENDENTES.

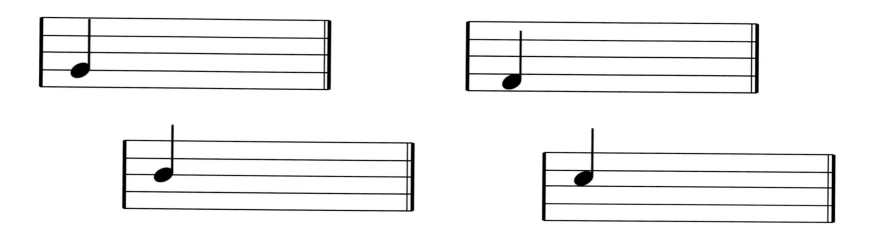

Escreva, em cada um dos pentagramas a seguir, três notas em semínimas, para completar as sequências de notas em intervalos de TERÇAS DESCENDENTES.

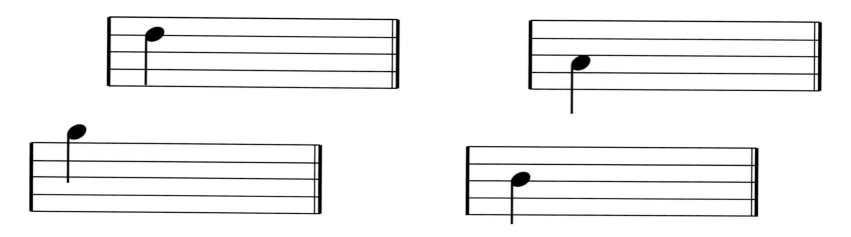

4.2 Canções com intervalos de segundas e terças: mão direita

Cante e toque esta canção no piano, na posição indicada no teclado, usando os cinco dedos da mão direita. Observe as fermatas e as respirações, realizando as dinâmicas como quiser. Depois, você pode tocar a canção em outras posições no piano, à sua escolha.

O MANJAR DA DONA SINHÁ

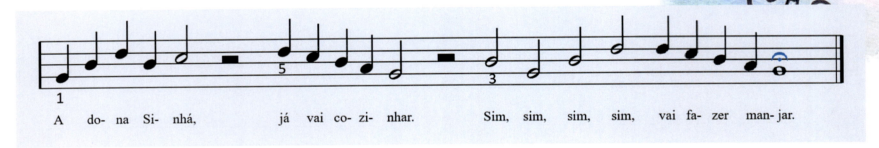

Vamos cantar e tocar mais uma canção?

BEIJA-FLOR

135

4.3 Leituras com intervalos de segundas e terças: mão direita

Com a mão direita, na posição indicada pelo teclado ao lado, toque no piano cada uma das sequências sem olhar para as mãos e sem parar. Observe as dinâmicas, as fermatas, as respirações e o pedal.

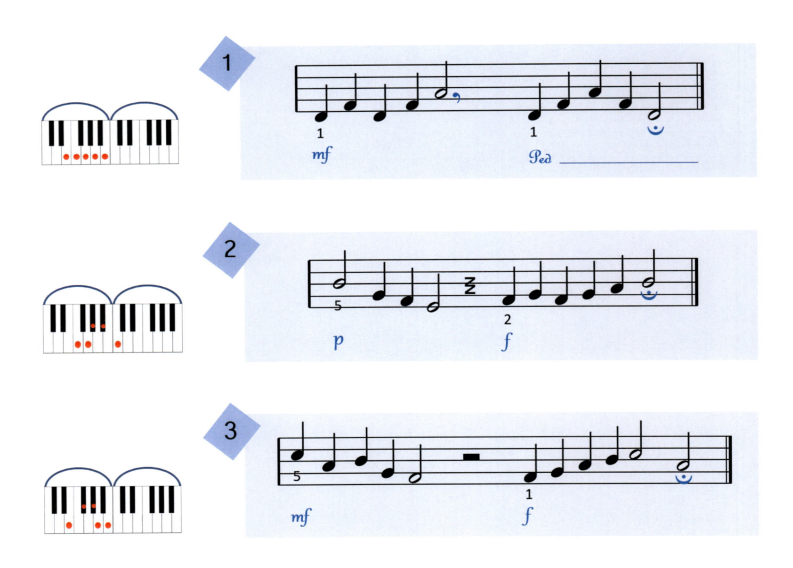

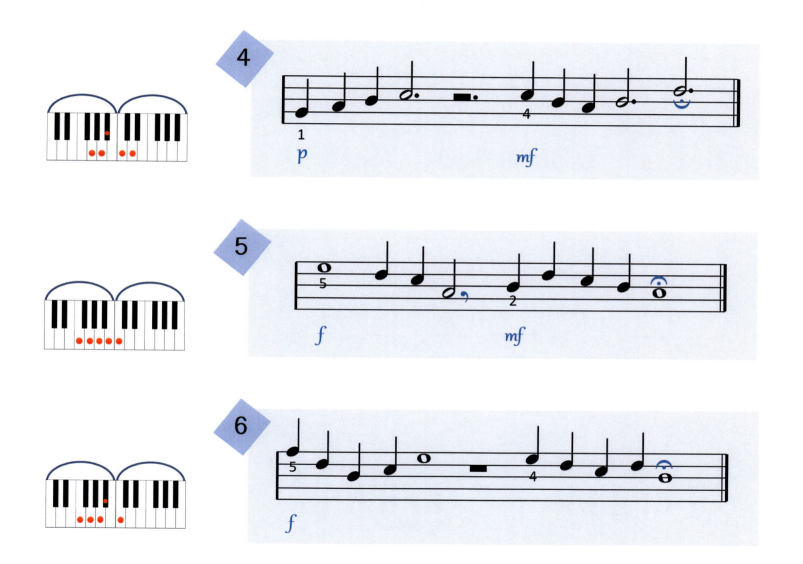

4.4 Uma melodia em várias posições: mão direita

Toque esta melodia no piano com a mão direita, nas posições indicadas nos teclados, observando os dedilhados, dinâmicas, fermatas e respirações.

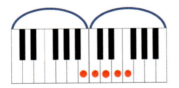
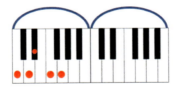

4.5 Canções com intervalos de segundas e terças: mão esquerda

Cante e toque esta canção no piano, na posição indicada no teclado, usando os cinco dedos da mão esquerda. Observe as fermatas e as respirações, realizando as dinâmicas como quiser. Depois, você pode tocar a canção em outras posições no piano, à sua escolha.

139

Vamos cantar e tocar mais uma canção?

ZEZÃO BRIGÃO

Primeira letra →  Segunda letra →

1ª - Zé- zão tão bri- gão, vai fa- zer só con- fu- são.
2ª - Lá vem o Ze- zão, vai bri- gar, não bri- ga não.

140

4.6 Leituras com intervalos de segundas e terças: mão esquerda

Com a mão esquerda, na posição indicada pelo teclado ao lado, toque no piano cada uma das sequências sem olhar para as mãos e sem parar. Observe as dinâmicas, as fermatas, as respirações e o pedal.

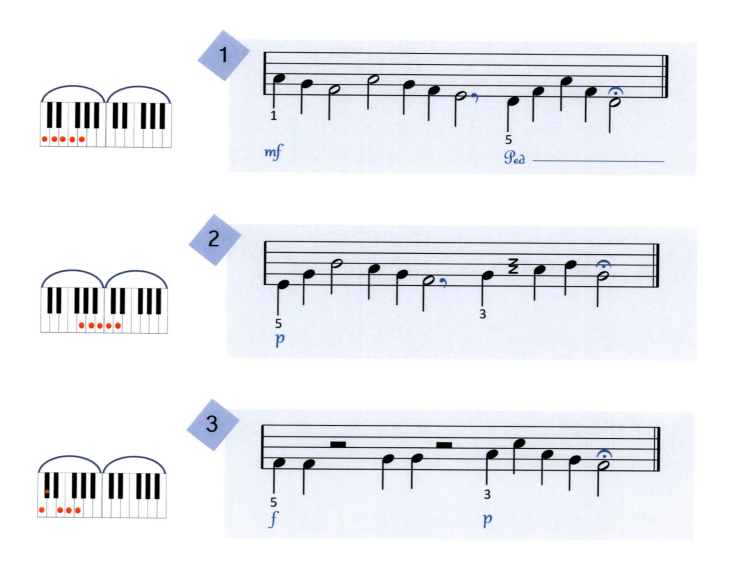

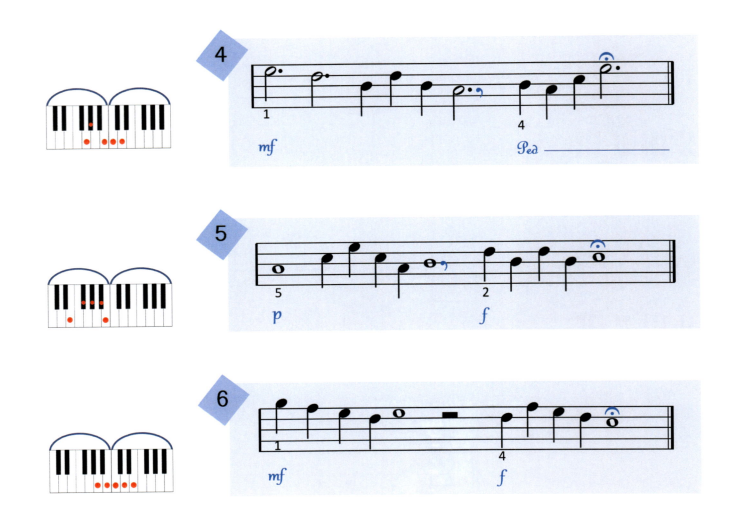

4.7 Uma melodia em várias posições: mão esquerda

Toque esta melodia no piano com a mão esquerda, nas posições indicadas nos teclados, observando os dedilhados, dinâmicas, fermatas e respirações.

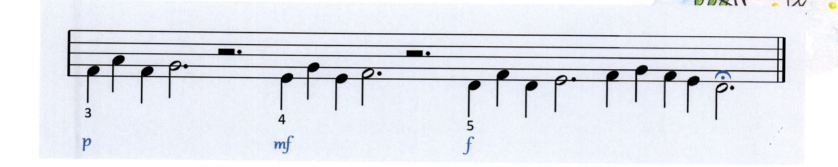

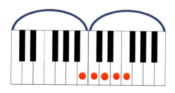
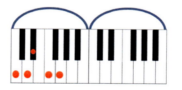
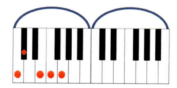

Série 5 – Leituras no pentagrama com intervalos de quartas

5.1 Escrita das quartas no pentagrama

Os intervalos de quartas são sempre escritos no pentagrama em **LINHA** – salta linha – **ESPAÇO** ou **ESPAÇO** – salta espaço – **LINHA**. Veja exemplos nos pentagramas a seguir.

Veja exemplos dos intervalos de quartas escritos em semínimas nos pentagramas a seguir.

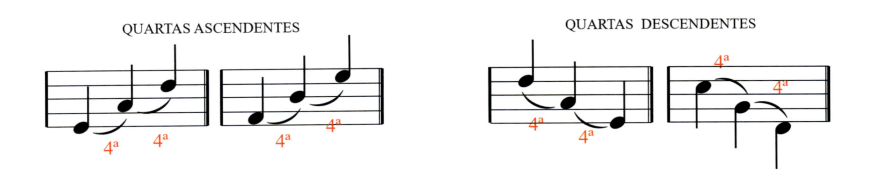

Escreva, em cada um dos pentagramas a seguir, duas notas em semínimas para completar as sequências de notas em intervalos de QUARTAS ASCENDENTES.

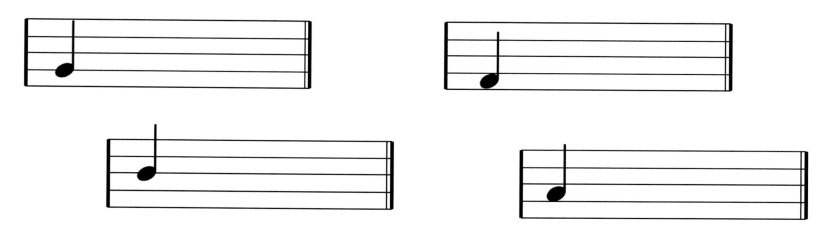

Escreva, em cada um dos pentagramas a seguir, duas notas em semínimas, para completar as sequências de notas em intervalos de QUARTAS DESCENDENTES.

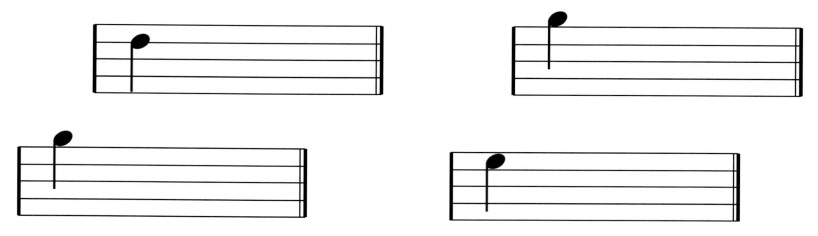

5.2 Canções com intervalos de segundas e quartas: mão direita

Cante e toque esta canção no piano, na posição indicada no teclado, usando os cinco dedos da mão direita. Observe as fermatas e as respirações, realizando as dinâmicas como quiser. Depois, você pode tocar a canção em outras posições no piano, à sua escolha.

O PALHAÇO

Vamos cantar e tocar mais uma canção?

PASSARINHO

5.3 Leituras com intervalos de segundas e quartas: mão direita

Com a mão direita, na posição indicada pelo teclado ao lado, toque no piano cada uma das sequências sem olhar para as mãos e sem parar. Observe as dinâmicas, as fermatas, as respirações e o pedal.

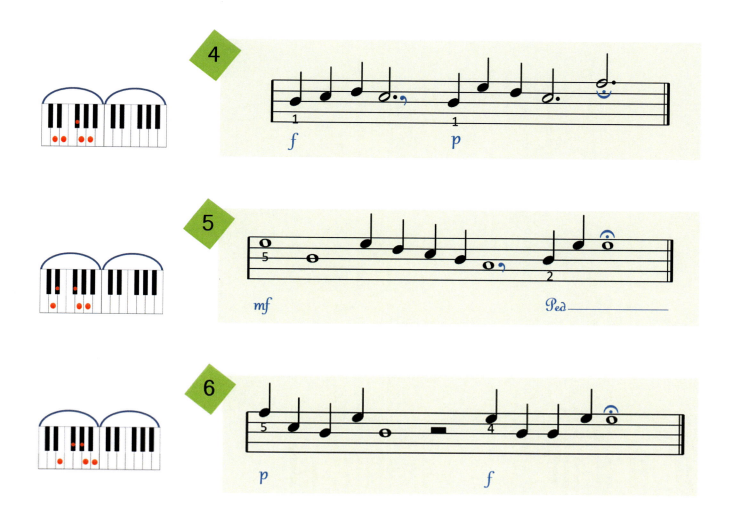

5.4 Uma melodia em várias posições: mão direita

Toque esta melodia no piano com a mão direita, nas posições indicadas nos teclados, observando os dedilhados, dinâmicas, fermatas e respirações.

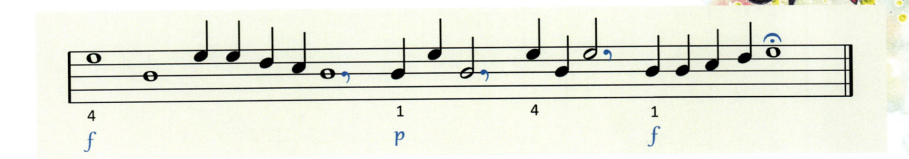

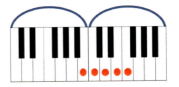
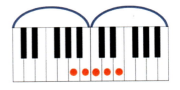
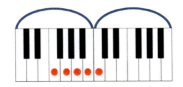

5.5 Canções com intervalos de segundas e quartas: mão esquerda

Cante e toque esta canção no piano, na posição indicada no teclado, usando os cinco dedos da mão esquerda. Observe as fermatas e as respirações, realizando as dinâmicas como quiser. Depois, você pode tocar a canção em outras posições no piano, à sua escolha.

BRILHA, BRILHA, SOL

Vamos cantar e tocar mais uma canção?

5.6 Leituras com intervalos de segundas e quartas: mão esquerda

Com a mão esquerda, na posição indicada pelo teclado ao lado, toque no piano cada uma das sequências sem olhar para as mãos e sem parar. Observe as dinâmicas, as fermatas, as respirações e o pedal.

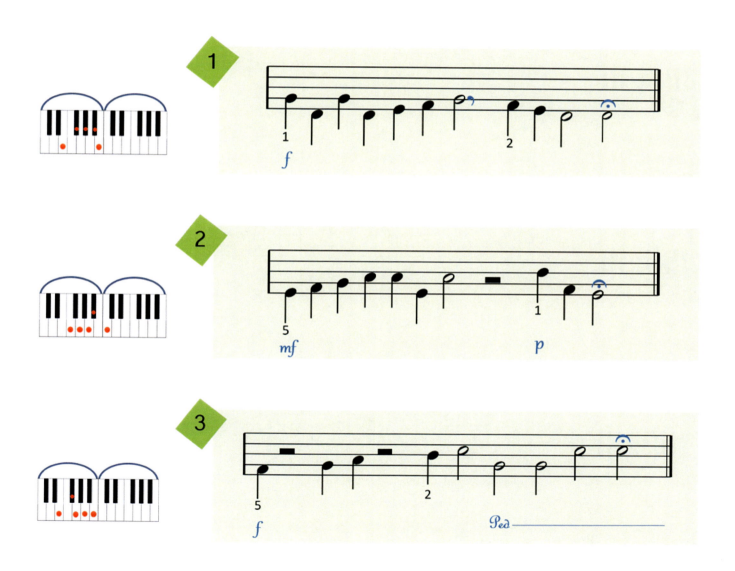

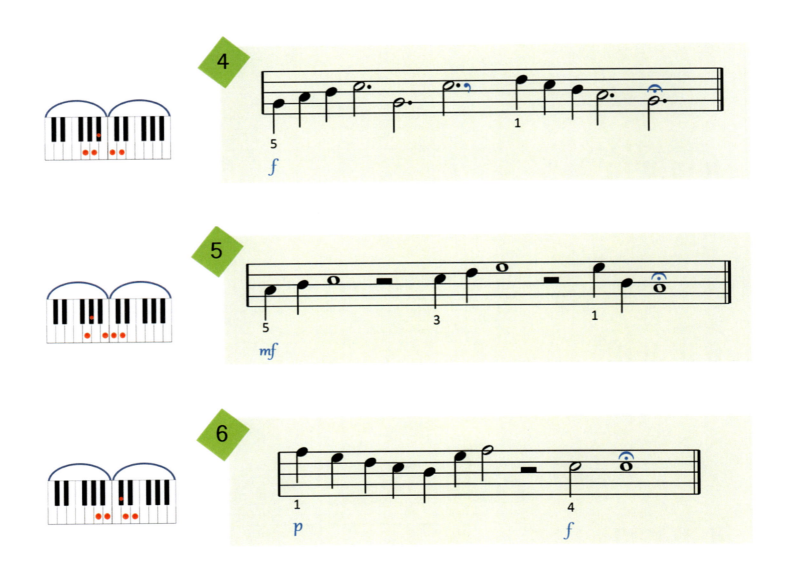

5.7 Uma melodia em várias posições: mão esquerda

Toque esta melodia no piano com a mão esquerda, nas posições indicadas nos teclados, observando os dedilhados, dinâmicas, fermatas e respirações.

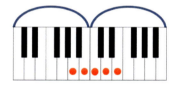
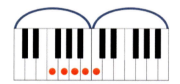

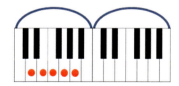

Série 6 – Leituras no pentagrama com intervalos de quintas

6.1 Escrita das quintas no pentagrama

Os intervalos de quintas são sempre escritos no pentagrama em **LINHA** – salta linha – **LINHA** ou **ESPAÇO** – salta espaço – **ESPAÇO**. Veja exemplos nos pentagramas a seguir.

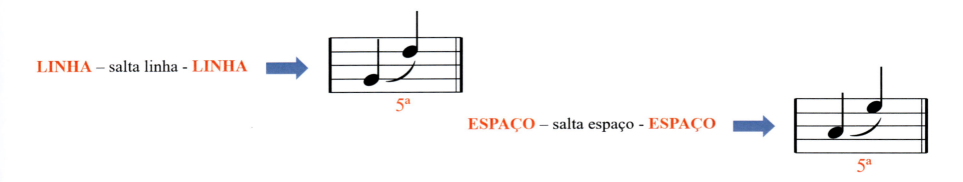

Veja exemplos dos intervalos de quintas escritos em semínimas nos pentagramas a seguir.

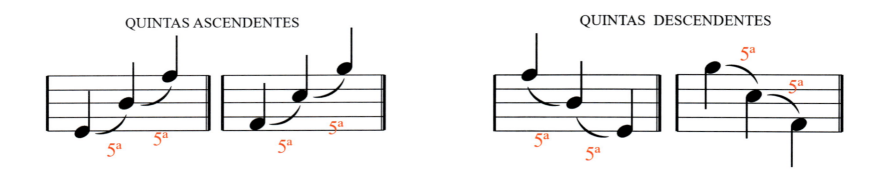

Escreva, em cada um dos pentagramas a seguir, duas notas em semínimas para completar as sequências de notas em intervalos de QUINTAS ASCENDENTES.

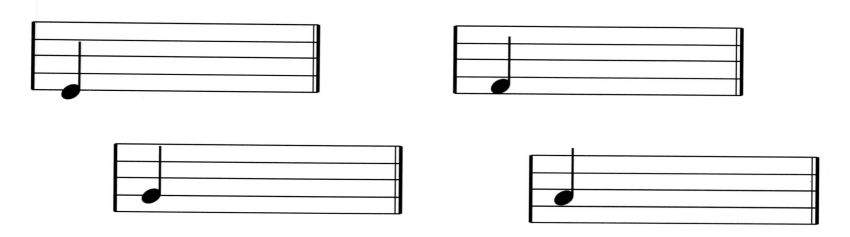

Escreva, em cada um dos pentagramas a seguir, duas notas em semínimas, para completar as sequências de notas em intervalos de QUINTAS DESCENDENTES.

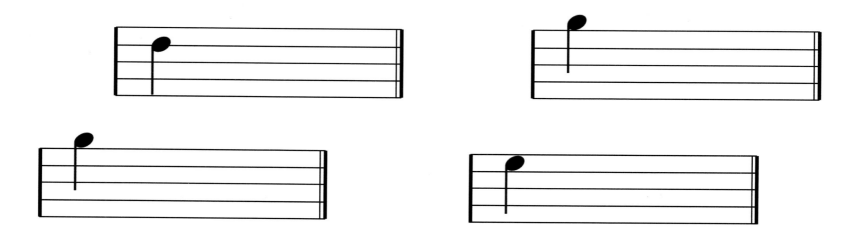

6.2 Canções com intervalos de segundas e quintas: mão direita

Cante e toque esta canção no piano, na posição indicada no teclado, usando os cinco dedos da mão direita. Observe as fermatas e as respirações, realizando as dinâmicas como quiser. Depois, você pode tocar a canção em outras posições no piano, à sua escolha.

BARQUINHO BRANCO

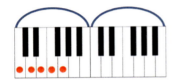

Vamos cantar e tocar mais uma canção?

LINDO LUAR

6.3 Leituras com intervalos de segundas e quintas: mão direita

Com a mão direita, na posição indicada pelo teclado ao lado, toque no piano cada uma das sequências sem olhar para as mãos e sem parar. Observe as dinâmicas, as fermatas, as respirações e o pedal.

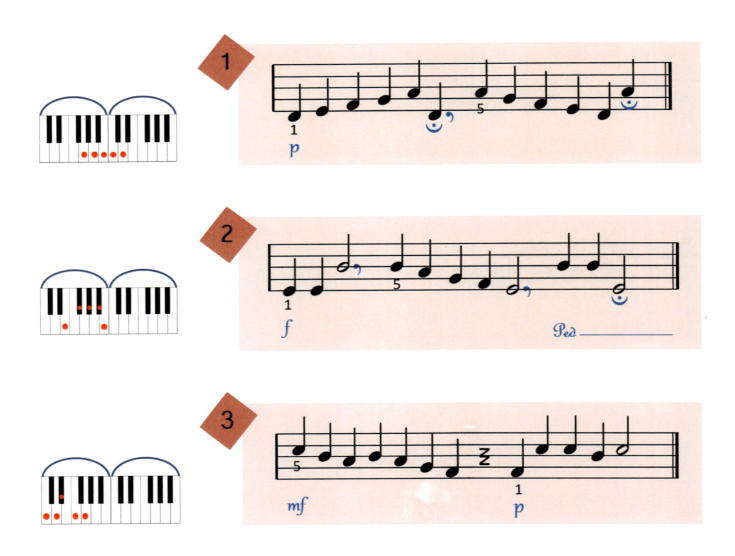

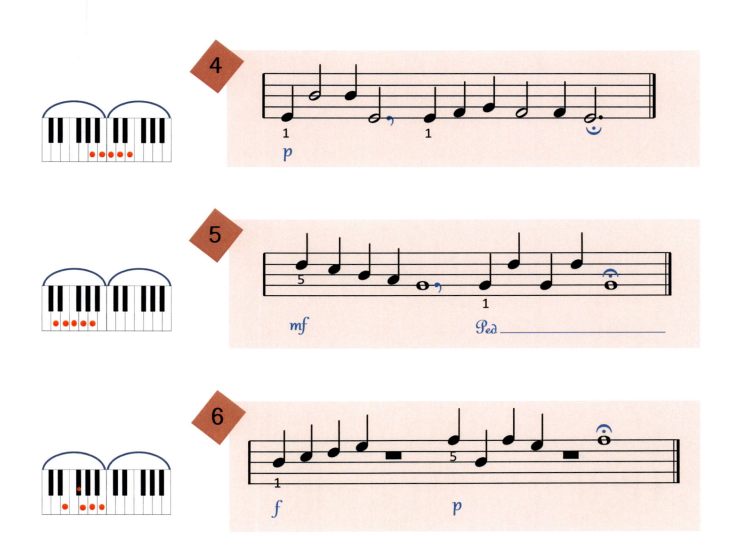

6.4 Uma melodia em várias posições: mão direita

Toque esta melodia no piano com a mão direita, nas posições indicadas nos teclados, observando os dedilhados, dinâmicas, fermatas e respirações.

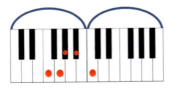
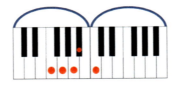

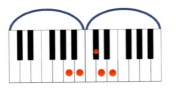

6.5 Canções com intervalos de segundas e quintas: mão esquerda

Cante e toque esta canção no piano, na posição indicada no teclado, usando os cinco dedos da mão esquerda. Observe as fermatas e as respirações, realizando as dinâmicas como quiser. Depois, você pode tocar a canção em outras posições no piano, à sua escolha.

Vamos cantar e tocar mais uma canção?

SACI-PERERÊ

1ª - O Saci-Pererê, pula numa perna só. Vai entrar no salão, e fazer a confusão.

2ª - Ele é valentão, não tem medo de ninguém. Vai entrar no salão, e fazer a confusão.

6.6 Leituras com intervalos de segundas e quintas: mão esquerda

Com a mão esquerda, na posição indicada pelo teclado ao lado, toque no piano cada uma das sequências sem olhar para as mãos e sem parar. Observe as dinâmicas, as fermatas, as respirações e o pedal.

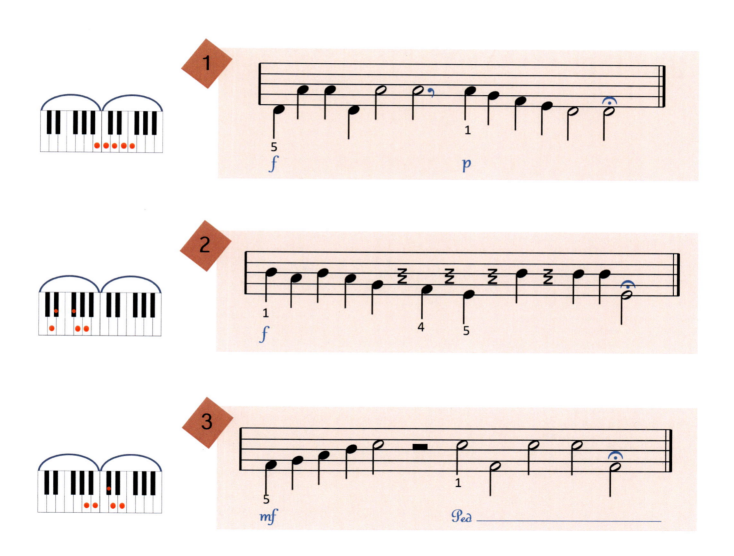

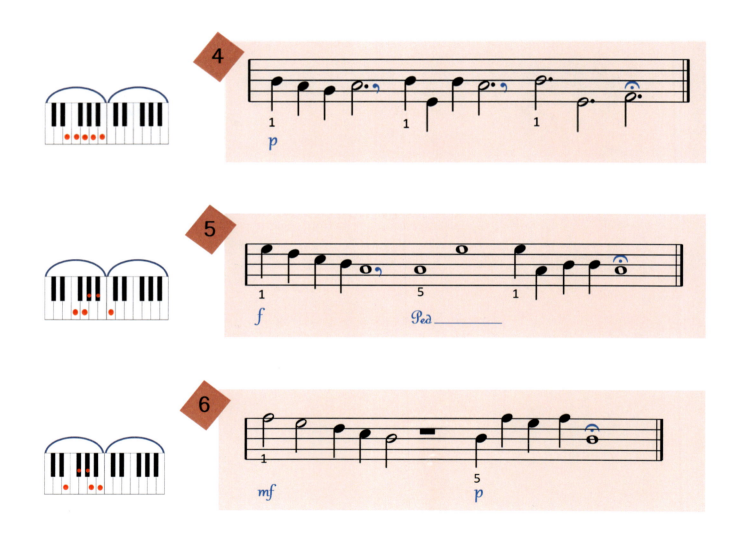

6.7 Uma melodia em várias posições: mão esquerda

Toque esta melodia no piano com a mão esquerda, nas posições indicadas nos teclados, observando os dedilhados, dinâmicas, fermatas e respirações.

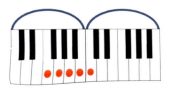

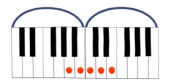

Série 7 – Leituras no pentagrama com todos os intervalos juntos e misturados

7.1 Canções com todos os intervalos juntos e misturados: mão direita

Cante e toque esta canção no piano, na posição indicada no teclado, usando os cinco dedos da mão direita. Observe as fermatas e as respirações, realizando as dinâmicas como quiser. Depois, você pode tocar a canção em outras posições no piano, à sua escolha.

Vamos cantar e tocar mais uma canção?

OS INTERVALOS

A se- gun- da e a ter- ça e a quar- ta e a quin- ta, e a- go- ra vou des- cer.

A se- gun- da e a ter- ça e a quar- ta e a quin- ta.

7.2 Leituras com todos os intervalos juntos e misturados: mão direita

Com a mão direita, na posição indicada pelo teclado ao lado, toque no piano cada uma das sequências sem olhar para as mãos e sem parar. Observe as dinâmicas, as fermatas, as respirações e o pedal.

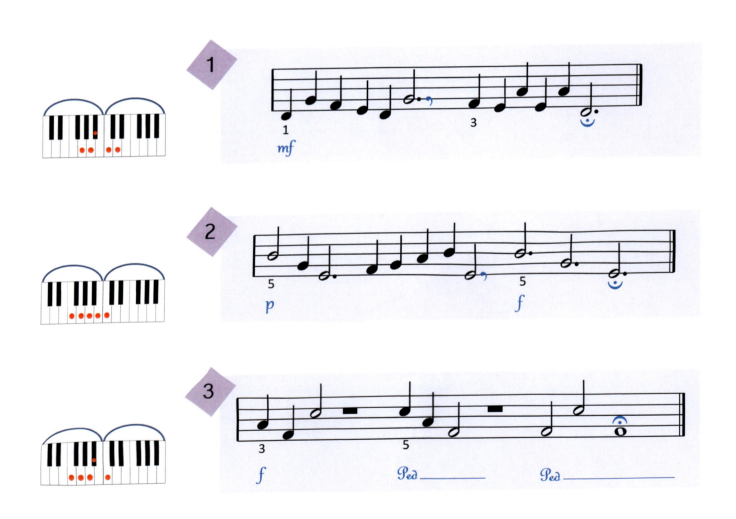

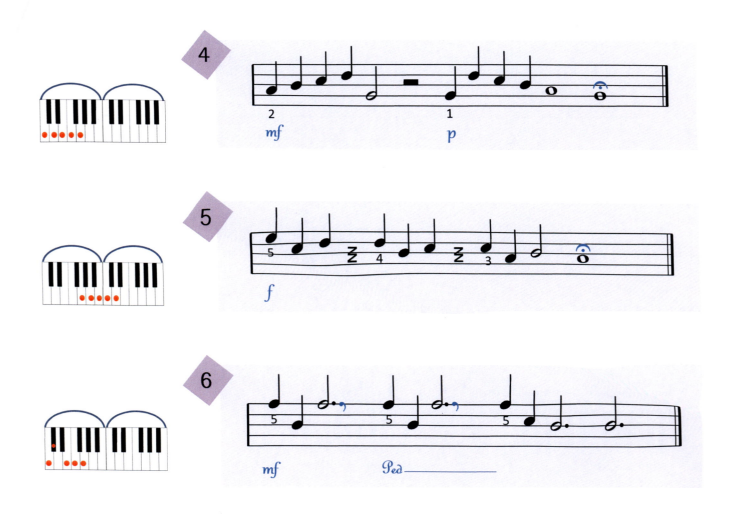

7.3 Uma melodia em várias posições: mão direita

Toque esta melodia no piano com a mão direita, nas posições indicadas nos teclados, observando os dedilhados, dinâmicas, fermatas e respirações.

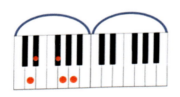
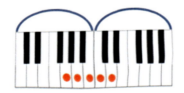

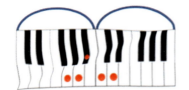

7.4 Canções com todos os intervalos juntos e misturados: mão esquerda

Cante e toque esta canção no piano, na posição indicada no teclado, usando os cinco dedos da mão esquerda. Observe as fermatas e as respirações, realizando as dinâmicas como quiser. Depois, você pode tocar a canção em outras posições no piano, à sua escolha.

JOSIMAR FOI PESCAR

Vamos cantar e tocar mais uma canção?

JOSIMAR FOI PESCAR

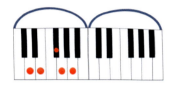

Jo- si mar foi lá no mar, pa- ra o pei- xe pes- car. Jo Jo Jo- si- mar, foi *pes*- car.

Lá no mar e- le pes- cou, um pei- xe tão gran- de as-sim. Jo Jo Jo- si- mar foi pes- car.

7.5 Leituras com todos os intervalos juntos e misturados: mão esquerda

Com a mão esquerda, na posição indicada pelo teclado ao lado, toque no piano cada uma das sequências sem olhar para as mãos e sem parar. Observe as dinâmicas, as fermatas, as respirações e o pedal.

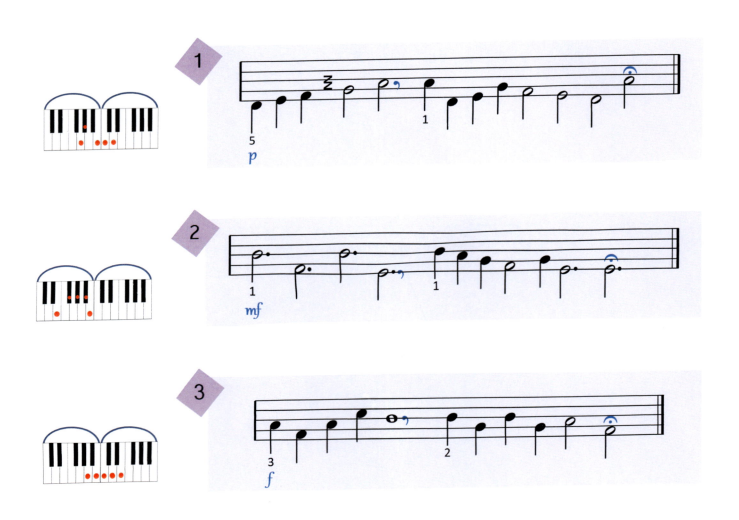

7.6 Uma melodia em várias posições: mão esquerda

Toque esta melodia no piano com a mão esquerda, nas posições indicadas nos teclados, observando os dedilhados, dinâmicas, fermatas e respirações.

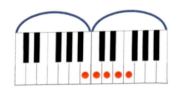

Série 8 – Leitura relativa em pauta dupla com mãos alternadas

8.1 A pauta dupla

A seguir, estão escritos dois pentagramas que foram unidos em uma pauta dupla pela chave à esquerda, em cor azul. Vamos usar essa pauta dupla para escrever novas leituras.

Nas próximas páginas, você encontrará sequências sonoras em pauta dupla para tocar no piano!

Vamos praticar a escrita das notas em toda a extensão da pauta dupla.

Reforce as notas pontilhadas na pauta dupla abaixo.

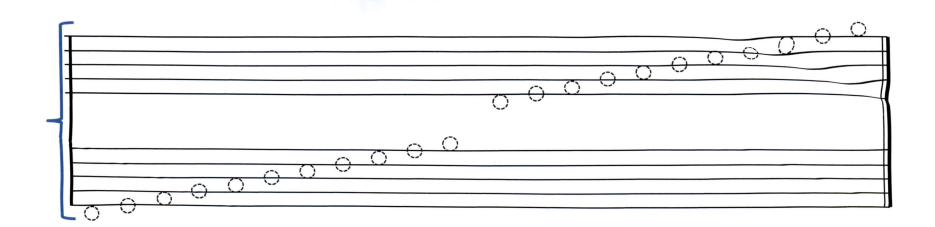

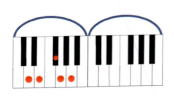

Toque no piano a melodia escrita na pauta dupla, na posição indicada pelo teclado ao lado, no registro que escolher. Não olhe para as mãos e observe os dedilhados e as fermatas.

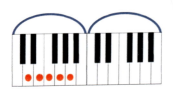

Repita esta leitura na posição indicada pelo teclado ao lado, no registro que escolher.

Toque no piano a melodia escrita na pauta dupla, na posição indicada pelo teclado ao lado, no registro que escolher. Não olhe para as mãos e observe os dedilhados e as fermatas!

Repita esta leitura na posição indicada pelo teclado ao lado, no registro que escolher.

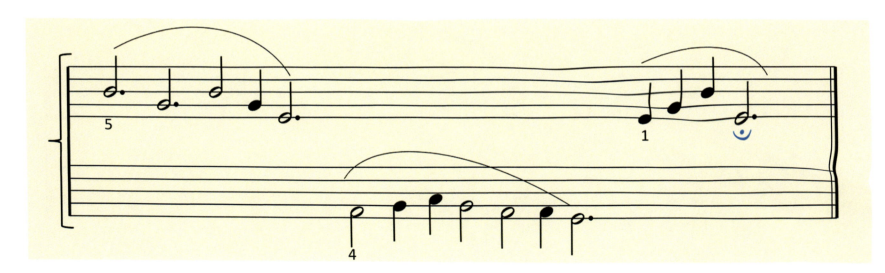

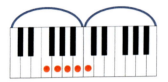

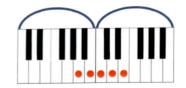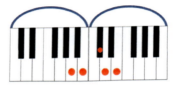

Série 9 – Leitura relativa com mãos simultâneas

9.1 Movimento sonoro contrário

Vamos tocar com as duas mãos ao mesmo tempo. Você vai tocar as sequências a seguir nas posições e registros que escolher. Os números dos dedos serão os mesmos, mas as notas serão diferentes. Esse movimento sonoro é o movimento CONTRÁRIO.

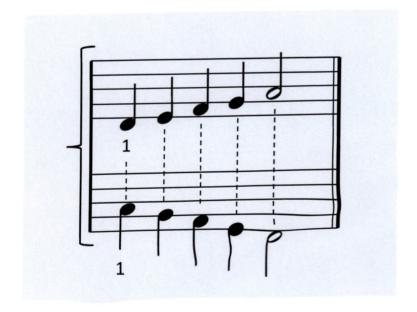

Movimento sonoro ascendente na mão direita
Movimento sonoro descendente na mão esquerda

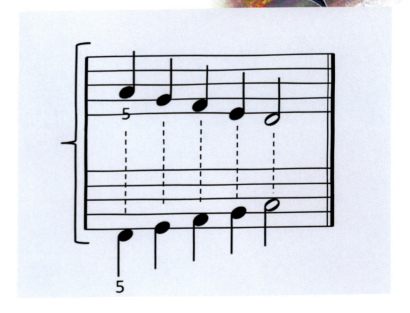

Movimento sonoro descendente na mão direita
Movimento sonoro ascendente mão esquerda

Em cada uma das pautas duplas a seguir, escreva as notas da mão direita ou da esquerda em movimento CONTRÁRIO, iniciando na nota indicada. Depois, escolha posições e registros para tocar cada uma das sequências sonoras no piano.

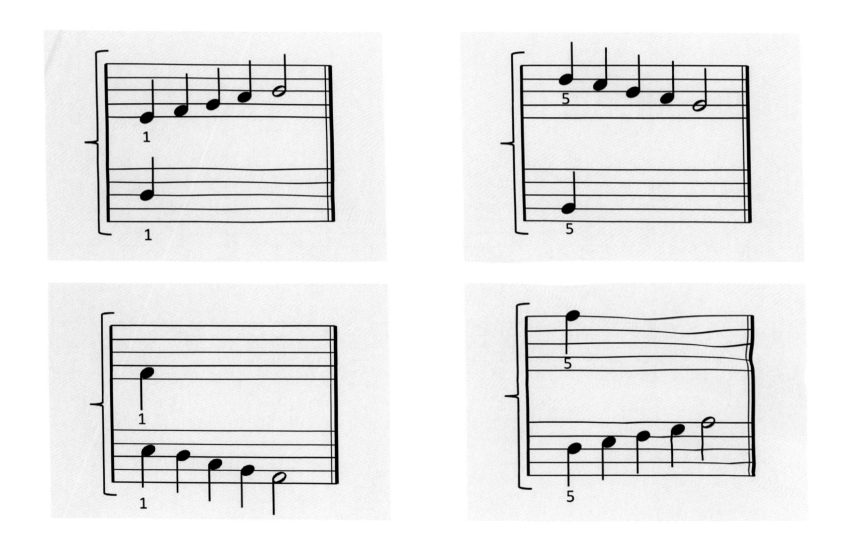

9.2 Leitura em movimento sonoro contrário

Vamos tocar a sequência sonora em movimento sonoro CONTRÁRIO com as duas mãos. Escolha um registro no piano para tocar em cada uma das posições indicadas pelos teclados. Cante e toque a sequência no piano sem olhar para as mãos e sem parar. Observe os dedilhados, as dinâmicas, as fermatas e as respirações.

 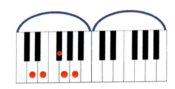

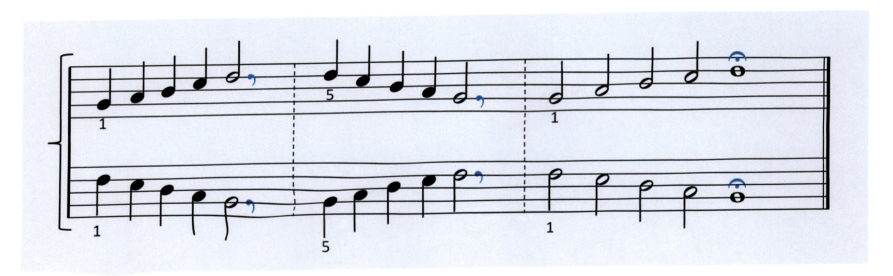

9.3 Movimento sonoro oblíquo

Vamos tocar com as duas mãos ao mesmo tempo. Você vai tocar as sequências a seguir nas posições e registros que escolher. A primeira nota de cada sequência é sustentada em uma das mãos, enquanto, na outra, o movimento sonoro é livre. Esse movimento sonoro é o movimento OBLÍQUO.

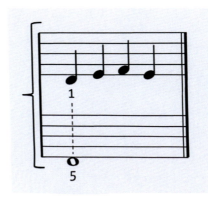

Mão esquerda fica e mão direita se movimenta

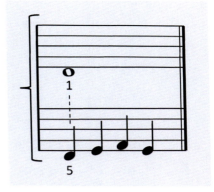

Mão direita fica e mão esquerda se movimenta

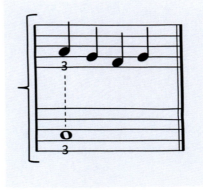

Mão esquerda fica e mão direita se movimenta

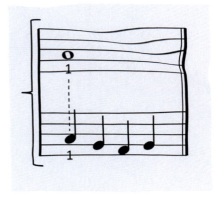

Mão direita fica e mão esquerda se movimenta

Em cada uma das pautas duplas, escreva semínimas na mão direita ou na esquerda, em movimento OBLÍQUO, iniciando na nota indicada. Depois, escolha posições e registros para tocar cada uma das sequências sonoras no piano.

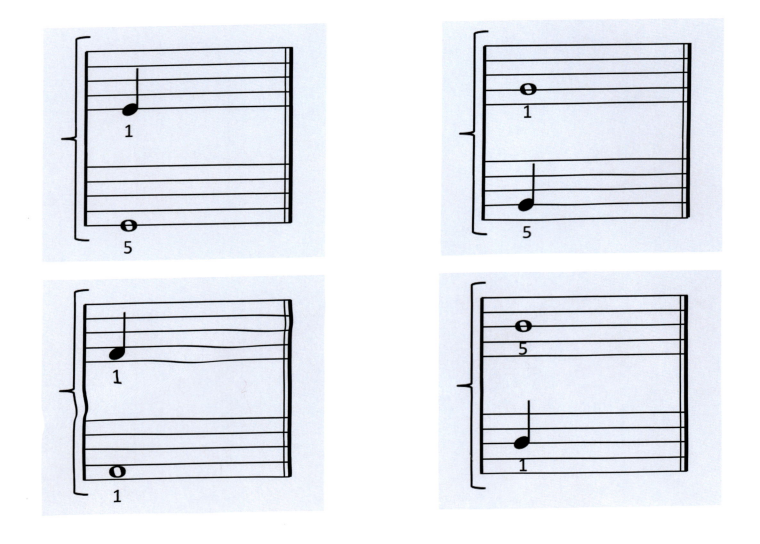

9.4 Leitura em movimento sonoro oblíquo

Vamos tocar a sequência sonora em movimento sonoro OBLÍQUO com as duas mãos. Escolha um registro no piano para tocar em cada uma das posições indicadas pelos teclados. Cante e toque a sequência no piano sem olhar para as mãos e sem parar. Observe os dedilhados, as dinâmicas, as fermatas e as respirações.

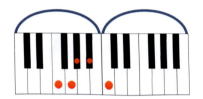
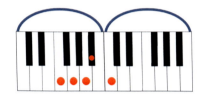
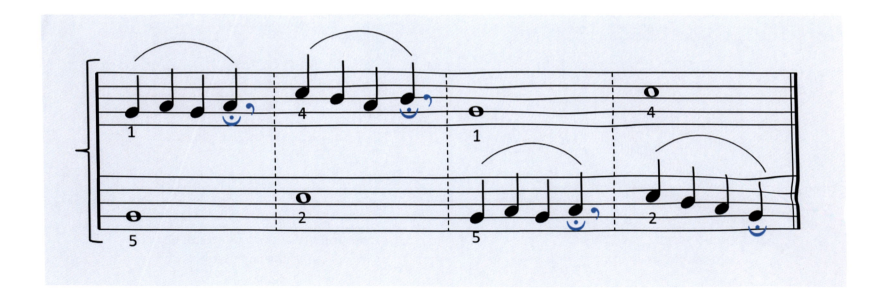

9.5 Movimento sonoro paralelo

Vamos tocar com as duas mãos ao mesmo tempo. Você vai tocar as sequências a seguir nas posições e registros que escolher. Os números dos dedos serão diferentes, mas as notas serão as mesmas. Esse movimento sonoro é o movimento PARALELO.

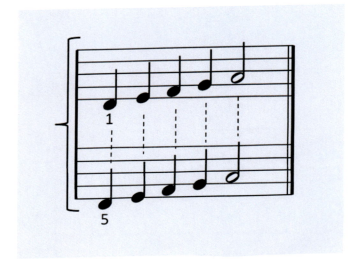

Movimento sonoro ascendente
em ambas as mãos

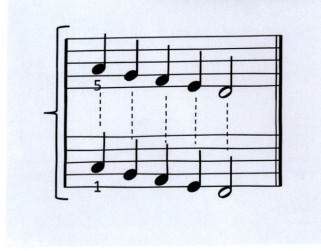

Movimento sonoro descendente
em ambas as mãos

Em cada uma das pautas duplas a seguir, escreva semínimas na mão direita ou na esquerda em movimento PARALELO, iniciando na nota indicada. Depois, escolha posições e registros para tocar cada uma das sequências sonoras no piano.

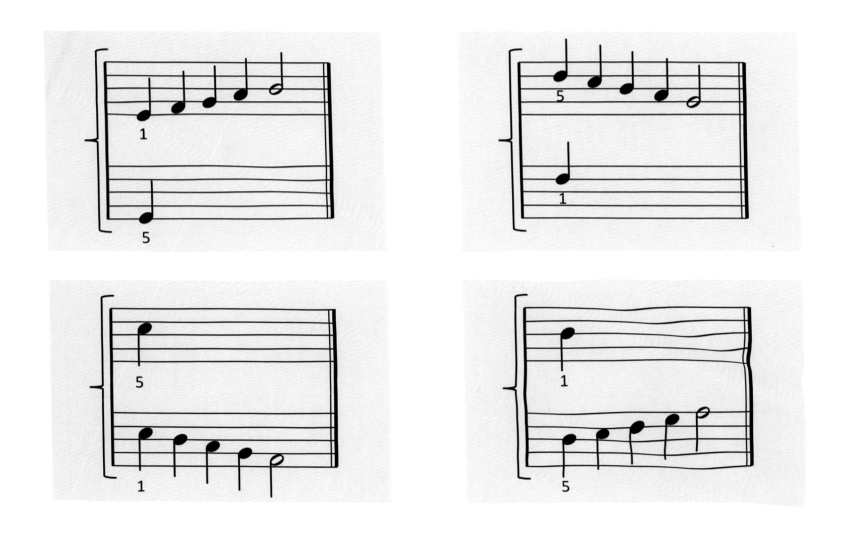

9.6 Leitura em movimento sonoro paralelo

Vamos tocar a sequência sonora em movimento sonoro PARALELO com as duas mãos. Escolha um registro no piano para tocar em cada uma das posições indicadas pelos teclados. Cante e toque a sequência no piano sem olhar para as mãos e sem parar. Observe os dedilhados, as dinâmicas, as fermatas e as respirações.

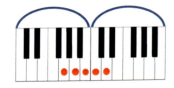
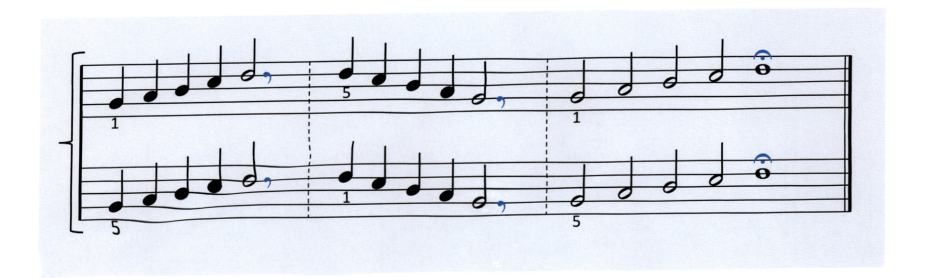

Parabéns!

Você chegou ao final do capítulo de LEITURA POR RELATIVIDADE. Vamos ver tudo o que você aprendeu?

1. TRIGRAMAS E PENTAGRAMAS.

2. MOVIMENTOS SONOROS ASCENDENTES E DESCENDENTES.

3. FIGURAS RÍTMICAS: SEMÍNIMAS, MÍNIMAS, MÍNIMAS PONTUADAS E SUAS PAUSAS.

4. INTERVALOS SONOROS DE SEGUNDAS, TERÇAS, QUARTAS E QUINTAS.

5. LEITURAS COM MÃOS SEPARADAS, ALTERNADAS E SIMULTÂNEAS.

6. MOVIMENTOS SONOROS SIMULTÂNEOS: OBLÍQUOS, CONTRÁRIOS E PARALELOS.

Neste quadro, escreva sobre aquilo que você aprendeu:
o que você achou fácil e o que você achou difícil.